STOP BULLYING

Nora Rodríguez

STOP BULLYING

Las mejores estrategias para prevenir
y frenar el acoso escolar

© Nora Rodríguez, 2006
© de esta edición: 2006, RBA Libros, S.A.
Pérez Galdós, 36 - 08012 Barcelona
rba-libros@rba.es / www.rbalibros.com

Primera edición: abril 2006

Ref.: ONFI136 / ISBN: 84-7871-682-7
Depósito legal: B-18072-2006
Composición: David Anglés
Impreso en Novagràfic (Barcelona)

Hacer que nazca un niño no basta,
también hay que traerlo al mundo
M. DARU

ÍNDICE

EL PORQUÉ DE ESTE LIBRO

Durante mi investigación de los casos de bullying entre los años 2000 y 2004 para el libro *Guerra en las aulas*,[1] uno de cada tres alumnos creía que en ciertas circunstancias era aceptable golpear a un compañero para defenderse. También afirmaba que tenía derecho a ser violento cuando la víctima «lo pedía» con su actitud, independientemente de que fuera chico o chica, ya que tenían la convicción de que había una «violencia justa». A finales de 2003, ya los datos obtenidos resultaban estremecedores: cerca del 48 % de los chicos y chicas entrevistados, más de cuatrocientos en doscientos treinta colegios de todo el país, habían participado o participaban en una situación de acoso continuado en el centro escolar, ocupando uno de tres lugares necesarios para que exista el bullying: el de la víctima, el de los testigos mudos o el del acosador. Cifras que demostraban que la violencia escolar podía seguir propagándose con facilidad porque detrás había una ideología, un discurso que permitía generar cada vez más razones y hacer fuertes sus cimientos.

La violencia entre iguales al ser entendida como «algo normal», no sólo por los jóvenes, sino también por los adultos

---

1. Rodríguez, Nora. *Guerra en las aulas*. Temas de Hoy, Madrid, 2004.

permitía no buscar razones para pararla. Lo significativo es que gran parte de aquellas razones, aún vigentes, siguen invisibilizando cuestiones tan importantes como la necesidad de una mayor responsabilidad social. No sólo la de un grupo: de los profesores, de los padres, etcétera.

Tampoco habría que olvidar que el efecto mediático proporciona, por un lado, una nueva redefinición social, hay más conciencia, hay más compromiso, éste no es casi nunca conjunto. Probablemente porque se ha perdido de vista que en el bullying hay tres partes implicadas, y que querer comprenderlo sólo desde la existencia de las víctimas implica obtener sólo una visión parcial. La víctima es la parte más perjudicada del proceso, pero sólo una parte. Los otros dos «lugares», el de los testigos y el del acosador, son fundamentales para la compresión del problema, ya que la dinámica del proceso de acoso puede cambiar en cualquier momento. El chico que ocupa el lugar de víctima, o del testigo bien puede ubicarse en la posición de acosador, mientras que el acosador pasaba a ocupar (aunque sea temporalmente) el lugar de la víctima.

Cuando en mayo de 2004 salió a la luz el libro antes mencionado, empezó a pensarse que el bullying era algo de lo que había que ocuparse, pero también entonces hubo restricciones. Se seguía insistiendo en que las peleas de niños o de adolescentes «habían ocurrido siempre», como queriendo ocultar una vez más lo que ya estaba saliendo a la luz. Tampoco se entendió que el bullying es un proceso dinámico donde las tres partes (acosador, víctima y grupo) actúan en un mismo escenario donde hay otros testigos.

La tendencia a esconder este posible cambio de lugares y a ver al acosador y a la víctima desde lados diferentes ha impedido e impide comprender que el bullying es un proceso donde las víctimas siempre pueden reaccionar de manera imprevisible, empuñando un arma contra su agresor, enfermándose o llegando en casos extremos al suicidio. O que los acosadores en ocasiones se esconden tras la máscara de una fiel amistad para con la víctima mientras llevan a cabo sus amenazas, y que no siempre son detectados con claridad.

Obviamente la idea de que en los centros educativos las peleas entre alumnos son juegos inofensivos no es privativa de nuestro país. En mayo de 2004 también salieron a la luz las cintas de vídeo que los chicos asesinos del Columbine, en Colorado, Estados Unidos, habían dejado grabadas antes de llevar a cabo los planes de matar a sus compañeros y suicidarse. La policía había recibido la noticia de esas cintas a través de los propios asesinos y antes del suceso hubo dieciocho avisos de que estas cintas «descriptivas» existían. Después de la tragedia se supo que la policía las había ignorado porque pensaba que se trataba de «cosas de chicos».

De más está decir que en nuestro país los comentarios generalizados fueron: «Aquí eso no pasa», «No es posible que nuestros chicos se acosen», y respecto de las cintas: «¡Nuestro chicos no llevan armas como ésas!» Debo reconocer que en más de una ocasión me vi en la obligación de añadir: «Como ésas, no», porque durante mis años de investigación vi las que algunas víctimas llevaban al colegio por temor a ser atacadas, como punzones, navajas o bolígrafos con puntas de metal por si tenían que defenderse de agresiones físicas. Víctimas que después de seis o siete meses de agresiones y burlas experimentaban cambios psicológicos y hablaban de «su defensa» en términos tan violentos como los de las cintas de Columbine, como si con esa violencia empezaran a liberarse un poco del círculo vicioso en el que se hallaban.

Así que mientras las historias terribles seguían llegando por aquellos meses de Argentina, donde un chico había asesinado a sus compañeros, o de Japón, donde un alumno de catorce años se había suicidado, aquí se continuaba idealizando la realidad de los chicos; nada de todo eso hacía saltar la señal de alarma.

Lamentablemente hubieron de pasar cuatro meses desde aquel mayo para que la tragedia llegara a nuestro país. Primero un chico y después una chica. Ambos se quitaron la vida después de haber padecido una situación de bullying con pocos meses de diferencia. El primero fue en el mes de septiembre y no sólo nos conmocionó a todos, sino que más que nunca se escuchaban palabras como «impotencia», «dolor», incluso «inseguridad»... Poco a poco otros chicos y chicas empezaron a hablar. Llegaban a los medios historias muy parecidas a las que había escuchado personalmente durante los más de tres años que trabajé en la redacción de *Guerra en las aulas*. Niños de corta edad, acompañados de sus padres, adolescentes que no querían mostrar su rostro pero que dejaban entrever su coraza frente al dolor con frases como «no me importa, total, yo no siento nada, que me hagan lo que quieran». Pronto la aparición de las víctimas dejó de lado otra cuestión, que todo el alumnado estaba en situación de riesgo y que profesores, padres y todo el mundo en su propio pequeño o grande espacio social, debían participar activamente para frenarla. La consecuencia fue la continua culpabilización que se arrojaba desde todos los ámbitos. Es probable que, en el contexto de desesperación que se vivía, avanzar hipótesis y culpabilizar sirviera para calmar la sensación de duelo colectivo, mucho más que escuchar los análisis hechos por los profesionales que trabajaban en los diferentes casos. Porque lo cierto fue que culpabilizar confundió aún más. No se vio que mientras una familia sufría por un hijo perdido, otras lo hacían porque sus hijos se habían convertido en seres extraños y peligrosos; ambas situaciones extremadamente complejas para los padres y, cada una en su medida, difíciles de asimilar.

¿Qué otras cuestiones en esos tiempos seguía haciendo invisibles la sociedad para no ver que el bullying no era algo tan desconocido? Sin duda la más importante era que el bullying puede aparecer en grupos escolares de niños de cuatro años. Mi investigación para el libro *Guerra en las aulas*, editado en Argentina y distribuido en toda América, ha hecho que a menudo me lleguen historias de acoso desde Estados Unidos, Ecuador, Colombia y Guatemala similares a las que ocurren en nuestro país a estas edades. En todas esas historias, así como en las que había investigado en nuestro país, la razón por la que los niños de cuatro a siete años se veían inmersos en una situación de acoso no se debía a que hubiera un líder negativo que ejerciera su poder (como ocurre a edades más grandes) sino a una mala resolución de los conflictos por parte de los adultos, que son quienes permiten que un conflicto mal resuelto se convirta en un problema más complejo.

¿Por qué no poner entonces el acento en un compromiso mayor del profesorado planteando estrategias preventivas? ¿Por qué no es obligatoria la formación de los profesores de educación inicial en la mediación y en estrategias antiacoso? Sobre todo cuando se está confirmando cada vez más que el bullying atomiza los grupos no sólo de chicos de entre trece y quince años, sino también de alumnos de siete a nueve años, donde ya es posible encontrar un líder negativo que se imponga a los demás y sea capaz de generar tanto miedo a su alrededor que nadie se atreva a decirle «basta ya». Líderes que continúan haciendo daño hasta que acaban el último ciclo de estudios.

El aprendizaje del profesorado en este sentido debería estar destinado a la transmisión de habilidades emocionales a fin de ayudar a resolver conflictos desarrollando en los niños aspectos relacionados con la empatía, la compasión, la compresión, la comunicación y el respeto al otro. Y por una razón simple: porque tanto los niños como los adolescentes, cuando se les ofrece un contexto de cuidados, amor y respeto, pueden sorprendernos en el momento de poner en práctica su valentía y su creatividad para resolver sus problemas. No se puede pedir a los alumnos que denuncien si no tienen una red donde apoyarse. Si, por un lado, no se les proporcionan recursos internos y, por otro, no se les dan los medios para que puedan hacerlo y sentirse seguros. Y esto es trabajo de los adultos.

No hay que olvidar que a veces un grupo de riesgo, los chicos problemáticos, son los que han repetido cursos, los que provienen de otros colegios donde el ejercicio violento del poder les ha funcionado, o alumnos que llegan a los centros con un fuerte sentimiento de exclusión social. También es común que en los grupos de siete a nueve años como en los de trece a quince años se llegue al bullying cuando dos amigos se pelean y cada uno forma su grupo, enfrentados en una lucha de fuerzas. En otros casos, porque repite un esquema de enseñanza que ha vivido en el hogar. O porque el líder es un chico sobreprotegido, un niño que presenta un comportamiento agresivo, que pega a los otros niños, les grita, tiene berrinches, amenaza, da puntapiés, insulta, muerde, destruye a veces el material propio y el de otros, simplemente porque carece de límites buscando así recrear un escenario donde se pueda desarrollar su actuación. También los que acosan pueden ser chicos que se sientan abandonados, o que lo sean en algún sentido; sin duda una de las peores formas de violencia que se puede ejercer contra los hijos.

En cualquier caso, no hay que olvidar que cualquiera de las razones por las que un alumno acosa a otro NO son justificaciones. Se trata de comprender para saber cómo actuar. Del mismo modo que se sabe que en la adolescencia un chico puede ejercer la violencia contra otro por necesidad de protagonismo en unos casos, o por el consumo de alcohol o drogas durante el fin de semana. En la infancia y en la adolescencia, también habrá que tener en cuenta los conflictos familiares severos, como maltrato ideológico, psicológico, físico o moral por parte de los padres. También habrá casos en los que el ejercicio de la violencia contra un compañero se deba a un nivel de autoestima bajo que, combinado con una baja tolerancia a la frustración y a la incomunicación con los padres, además de la imitación de referentes violentos, puede llevar a un chico a acosar si carece de empatía. Igual que cuando se siente excluido o forma parte de alguna pandilla de características violentas. En otros casos puede ser una patología grave lo que determine la conducta violenta del acosador. Por ello no es a veces suficiente con una lectura psicopedagógica de la violencia. Es preciso realizar también un análisis más profundo, aplicar estrategias de prevención y de intervención y un trabajo en red donde no se comprometan sólo los padres y el colegio sino también psicólogos, agentes de servicios sociales, pedagogos y por qué no, el conjunto de la sociedad.

CAMBIAR LA MENTALIDAD

El proyecto Atenea es un programa antibullying que dirijo personalmente y que promueve un trabajo en red frente a la violencia, con el objetivo es proporcionar estrategias a los profesores de los tres niveles y crear grupos de trabajo coordinados desde el centro hacia fuera, y a la inversa. Algunas de esas estrategias han sido seleccionadas para este libro. Por otra parte, las distintas líneas de actuación del proyecto Atenea se basan en la labor coordinada de profesores, directores, psicólogos, pedagogos, médicos y área jurídica, tanto para prevenir como para intervenir en casos de bullying. En algunos colegios donde he dado cursos y conferencias para padres, alumnos y sesiones de formación para profesores, y en los que se ha llevado a cabo este programa antibullying (adaptable a colegios públicos, privados y concertados), se ha visto la importancia de informar sobre el bullying no sólo a los padres, sino también a los alumnos. Eso facilita la creación de redes de apoyo. De hecho, formar a los profesores y a técnicos relacionados con la enseñanza, y formar a los padres, además de ayudar a educar en la no violencia, ayuda a educar en el compromiso. Es por ello que cuando se habla de cambio de mentalidad también hay que pensar que hay otras formas de violencia que a veces no se ven como tales, pero que provocan un gran dolor en los niños, como la retirada del afecto cuando el hijo no lleva a cabo la conducta esperada por los padres, y las advertencias del tipo «si haces eso no te querré»; o bien las descalificaciones debidas a una educación de género, los discursos ambiguos —«sé como tú quieras pero no te parezcas a tu madre»— o decirles permanente «eres tonto», en lugar de «a veces haces tonterías», refiriéndose a sus actos; o las amenazas del estilo «a la próxima te enteras».

Y es que en estos casos no es sólo grave la degradación o la amenaza, sino también que no se da a los niños otras alternativas de conducta. De ahí que muchos chicos no sepan qué hacer, con lo cual, mientras se les dice que el castigo es «porque se les quiere», «por su bien» —con el mensaje de que «algún día me lo agradecerás»—, lo único que se logra es desdibujar cada vez más el límite en que se percibe lo que es violencia y lo que no lo es. Mensajes ambiguos que minan la autoestima y la capacidad de relacionarse satisfactoriamente con sus iguales.

Por fortuna, en la adolescencia muchos de esos mismos chicos son receptivos a la hora de comprender que, en nuestra cultura, el predominio del «del *yo* para fuera» es lo que los obliga a mostrarse fuertes, invulnerables e insensibles, permitiendo que sea posible desde los centros trabajar en ello. Un valor en alza entre los chicos y las chicas que puede ser transformado desde los centros mediante estrategias destinadas a la prevención, que los motivan para que investiguen, debatan y reflexionen sobre cómo sentirse a gusto consigo mismos, cómo tener aceptación social y cómo, si ello no se consigue, pueden darse situaciones de bullying.

Lejos de mostrar víctimas o de hablar de las características de la violencia, las estrategias antibullying que aparecen en este libro tienen el objetivo de cambiar el discurso que justifica los comportamientos violentos promoviendo recursos. Para ello se educa desde edades tempranas con el fin de que tanto los más pequeños como los jóvenes piensen en el impacto que tiene su comportamiento en los demás, proporcionándoles un espacio donde puedan hablar de cómo se sienten y cómo hacen sentir a otros con sus acciones. De hecho, las estrategias que aparecen en este libro están pensadas para ser aplicadas específicamente a las edades a las que van dirigidas. La razón es que las características propias de cada edad los hace ser más receptivos a determinadas estrategias y no a otras. Así, por ejemplo, entre los tres y seis años, se trabaja en temas como las formas de mostrar respeto (escuchar al otro, no interrumpirlo, interesarse por él), el modo en que afectan los apodos, o ridiculizar la apariencia de alguien; lo bueno que es sentirse escuchados y valorados. Cuando son mayores, entre los siete y los diez años, se avanza hacia el significado del respeto, el valor de las diferencias, el poder y la violencia en las relaciones. Y de los once a los dieciséis años, en cómo ser responsables de los propios actos, asumiendo las consecuencias y aprendiendo a anticiparse a lo que puede ocurrir con un comportamiento determinado. A estas edades se incluye una mayor perspectiva social.

En este sentido, el enfoque psicosocial de la convivencia es determinante para que los chicos aprendan las consecuencias que deberán asumir si cometen actos violentos contra otros; por ejemplo, cumplir un tiempo de trabajo para el bien de la comunidad escolar, o el bien comunitario si la escuela o el instituto organiza actividades conjuntas con el barrio, eso siempre que el acto violento no sea sancionable por un juez.

BULLYING SOTERRADO, BULLYING EVIDENTE

Sin duda, otro de los aspectos que hay que tener en cuenta para afrontar el bullying son las repercusiones del exceso de información sobre este tema, lo cual puede llevar a ver acoso permanente donde no lo hay, y no verlo donde realmente existe. Algo que ocurre no sólo a padres, sino también a profesores. No hace mucho, en una de las conferencias que acostumbro a dar a los alumnos en los colegios para explicarles cómo se gesta el acoso escolar y qué pueden hacer ellos para pararlo, me sorprendió un grupo de algo más de ochenta chicos y chicas que, si bien se mostraban interesados no manifestaron en ningún momento duda alguna, ni siquiera cuando llegó el momento de las preguntas. Me pareció extraño, ya que los adolescentes suelen mostrarse ávidos de respuestas. ¿Qué ocurría con esos chicos, que se mostraban asustados y tensos? En teoría, en ese colegio no había habido nunca ningún caso, ni siquiera de violencia contra un compañero. Entonces les pregunté si estarían dispuestos a contar los casos de bullying a una persona del colegio en quien confiaran. La respuesta fue unánime: «No». Y proseguí: «¿Lo escribiríais y lo echaríais en un buzón anónimo, si lo hubiera en este colegio, diciendo sólo en qué curso se ejerce violencia contra uno de vuestros compañeros?». La respuesta esta vez también fue unánime: «Sí». Entonces una adolescente de no más de quince años se puso de pie y me dijo: «Es que yo no supe hasta hoy lo que tú has explicado, así que pensé que no podíamos hacer nada para evitarlo». Conté nuevamente que el bullying era infligir violencia de forma permanente contra alguien y que esto debía ser parado desde el primer momento. A partir de ese instante un bullicio generalizado tomó la sala. El murmullo fue creciendo hasta que todos empezaron a dar ejemplos de situaciones que habían ocurrido en el instituto en ¡los últimos meses! Todos hablaban de algún caso. Les di un tiempo y me ofrecí a contestar todas y cada una de sus preguntas. Estuve con ellos dos horas más de la hora pactada, y lo que más me sorprendió eran las preguntas tan claras que planteaban, expresando multitud de posibilidades, ¿como si lo vivieran desde hacía tiempo? Sí, porque ¡lo estaban viviendo en silencio!

A veces el problema del exceso de información o de la información generalizada hace pensar que si los chicos no hablan es porque no pasa nada. O porque se dejan llevar por la «Ley del silencio» sin ver que puede haber otras razones, por ejemplo algo tan simple como la falta de información. Por esa razón una de las columnas en que se asienta el Proyecto Atenea es la información directa, dirigida en especial a padres y a alumnos. Personalmente, considero que hablar con ochenta, cien y hasta doscientos alumnos de entre once y dieciséis años es enriquecedor para ambas partes. Para los chicos, porque les permite adquirir protagonismo en lugar de poner el acento en la víctima o en el acosador, especialmente cuando descubren el importante papel que desempeña el grupo. Los testigos se sienten más seguros al saber que ellos tienen poder, que no están al margen de la dualidad víctima-verdugo. Ellos pueden dar la vuelta a aquello que les daña. No como mediadores —en el caso del bullying, el grupo se suele volver en contra de estos chicos—. Me refiero a la actitud del grupo en su conjunto frente al que provoca, lastima, hiere o se burla… Y porque la información es el primer paso hacia una verdadera cohesión, el mejor camino para frenar al agresor.

¿POR QUÉ HAY QUE PENSAR QUE EL BULLYING TIENE TAMBIÉN SUS ORÍGENES EN LA EDUCACIÓN DE GÉNERO?

Entre los adolescentes, existe una amplia aceptación de la violencia como una forma eficaz para resolver los problemas. Sin embargo, la escuela y los institutos son, en ocasiones, el lugar apropiado para empezar a revertir algunas de las ideas. Por un lado, hay que distinguir la definición de sexo como una forma de clasificación biológica, y por otro, comprender que el género es una construcción cultural y social, en permanente proceso de cambio, que asigna a hombres y mujeres una serie de atributos y funciones a fin de justificar diferencias.

El maltrato de género está relacionado con la permanente desigualdad de poder que parte de dicha construcción social. Por ello no es raro que las chicas sean más acosadas en las zonas donde hay una fuerte cultura machista y que entre los chicos haya constantes peleas con daño físico. Es decir, donde la masculinidad se mide por la fuerza.

La capacidad para decidir, para hacer o no hacer, para autoafirmarse, y también la de controlar la vida o los actos de los demás a favor de los chicos más que de las chicas, llega de este modo a las aulas.

No hay que olvidar que la violencia escolar es un fenómeno que se da en todas partes, porque la mayoría de los adolescentes consideran que ser violento es ser más fuerte, y su contrapartida, que no pelear es ser débil. El objetivo de aplicar estrategias de educación de género como estrategias antibullying es ayudar a reflexionar sobre qué entienden los chicos por fuerza. No hay que olvidar que la mayoría de los héroes violentos que consumen los jóvenes de hoy son en su mayoría masculinos.

Reeducar desde una perspectiva de género implica observar qué atribuciones se dan a sí mismos los chicos y las chicas como grupo y cómo, de ser necesario, se les pueden proporcionar otras alternativas para una mejor convivencia, más positivas y más relacionadas con la equidad. Incluso sin olvidar que muchos de ellos hacen lo que ven en el hogar (el adulto que golpea la mesa cuando se enfada, el adulto que degrada para sentir que tiene poder...), o porque «juegan» con lo que les imponen las modas sociales.

Como es fácil suponer, la complicidad de género de los chicos no es el único problema al que nos enfrentamos hoy en lo que respecta al bullying. Uno de ellos, es que en el último año al fenómeno de la aparición de la violencia en edades tempranas se suma que a los seis o siete años ya hay chicos que pegan e intimidan a otros para descargar la rabia, pero con intención de mostrar hasta dónde llega su fortaleza, dando golpes donde realmente lastiman, nariz y entrepierna (en el caso de los varones), como una forma legitimizada de ejercer violencia. Y aún más, cuando el bullying es mixto, las chicas asumen un rol masculino en lo que a violencia se refiere, pudiendo ser incluso más crueles que los chicos.

LA VENTAJA DE TRABAJAR ESTRATEGIAS ANTIBULLYING DESDE LAS PRIMERAS ETAPAS

Las habilidades para lograr una buena convivencia no es algo que los niños deban lograr por imposición, sino que debe ser un modo de vida, una suma de hábitos, una forma natural de comportarse como lo es respirar o caminar de un sitio a otro. Las estrategias antibullying, en cualquier etapa, deben tratar de ser una forma de «estar con el otro» .

Fundamentalmente porque a menudo se oye decir a los docentes y a los padres que los niños «no deben pegar», es verdad, pero de nada sirve decirlo si no se dan otras opciones, si no se les enseña desde pequeños a controlar los impulsos, a «frenarse» y pensar en cómo desean reaccionar, a solucionar sus problemas, si no se les deja de decir que devolver un golpe es lo correcto para que no lo tomen a uno por tonto.

Una de las principales ventajas de trabajar estrategias antibullying desde las primeras etapas es que los niños aprenden desde pequeños a reaccionar frente a la intolerancia, ante la provocación, a reflexionar sobre las múltiples formas de controlar la ira; a ser ellos mismos generadores de nuevas propuestas, a buscar soluciones y a dejar de creer que los conflictos son negativos en sí mismos. Desde edades tempranas los niños aprenden de este modo que los conflictos son una oportunidad para solucionar aquello que puede dañar a las personas.

No cabe duda de que las estrategias que se elijan dependerán de los objetivos del profesor, sabiendo que, ante todo, lo más importante será tener una actitud firme frente a la violencia. Una actitud que implique «tolerancia cero» y que deje claro que los actos violentos no son nunca negociables. Porque sólo se negocia mientras se trata de prevención; para llegar a acuerdos mientras hay una solución potencial y una reflexión. Así, antes de que ocurra un acto violento en el aula, siempre será mejor enseñar desde edades tempranas a los alumnos a reflexionar sobre lo que han hecho, para que puedan volver sobre sus pasos, llevando a cabo actividades que giren en torno a la buena convivencia. Estrategias que incluso pueden comprender reuniones con los padres para que colaboren en el proyecto de reeducación de su hijo.

De hecho, los profesores también tendrán en su poder estrategias para ayudar a los alumnos que han estado en el lugar de la víctima, para que recuperen su autoestima y su seguridad, en las que el grupo no es sólo un testigo anónimo frente a la violencia, sino un elemento activo.

Los alumnos más grandes, además de lo anterior, también descubren que los conflictos del aula tienen mejor solución cuando ésta se logra con el consenso del grupo, cuando intervienen varias personas. También son capaces de tomar conciencia de que los conflictos complicados, confusos y que duran en el tiempo suelen tener consecuencias más graves que aquellos que se pueden ver con claridad y que se resuelven en un tiempo prudencial. Además, aprenden que siempre hay más de una solución posible.

Las estrategias de este libro están pensadas para proporcionar a niños y a adolescentes las habilidades que necesitan para enfrentarse con efectividad a situaciones sociales en las que pueden ser perjudicados o alguien puede perjudicar a otros.

El objetivo de estas estrategias es concienciar a los alumnos de las consecuencias negativas y destructivas de la violencia y el maltrato (no sólo para sí mismos y la víctima, sino también para toda la comunidad escolar), contribuyendo a una reinterpretación de las experiencias. También hay técnicas para potenciar el desarrollo de las habilidades de autocontrol necesarias para afrontar eficazmente situaciones conflictivas.

Lo que se espera es que los niños sepan ver los conflictos como desacuerdos que los hacen sentir mal. Que sepan ver que la violencia tiende a perpetuar los conflictos. Esta visión que comienza en edades tempranas debe mantenerse hasta acabado el final del ciclo secundario. El objetivo es lograr relaciones sociales positivas y fomentar métodos no violentos de respuesta y de interacción. Eso no significa que este libro presente estrategias para vivir en un mundo feliz. Los niños y los adolescentes tienen derecho a no querer estar con otro, a entrar en conflictos, a no congeniar con algunos, a que otras personas no les interesen. Lo que en ningún caso pueden hacer es dejar de respetarles.

Claro que para ayudar a niños y a adolescentes a conquistar hábitos positivos habrá que dejar de lado la idea de que la violencia es mayor en el aula cuanto menores son los recursos. La idea de que las clases sociales más desfavorecidas son las más violentas es un mito. Hay que aclarar que el nivel de violencia es igual en la mayoría de los colegios, lo que quizá diferencia a los grupos es que la violencia puede estar más o menos al descubierto, y trabajada de maneras diferentes por parte del profesorado. En las clases sociales acomodadas la violencia está más agazapada y disimulada, y los propios estudiantes, en lugar de extorsionar a un compañero para que les dé el bocadillo, lo extorsionan para que les dé el teléfono móvil, lo acosan vía e-mail o con mensajes de móvil. No en vano cuando se aplican estrategias de detección del bullying a grupos de edades similares en dos colegios de diferente estatus social, ambos con grupos de alumnos conflictivos, la respuesta suele ser la misma en ambos casos.

UN NUEVO PAPEL PARA LOS PROFESORES

¿Cómo se sienten los profesores cuando niños y adolescentes no tienen hábitos de conducta saludables? ¿Por qué los padres recriminan a los profesores su trabajo como si siempre fueran aquéllos los únicos responsables de la educación de los niños? Como es fácil suponer, el profesorado a menudo experimenta impotencia, frustración o decepción. Sin embargo, los padres y la sociedad deberían ser conscientes de que en una época en la que se accede a tanta información tan fácilmente sólo a través del colegio es posible llegar a los conocimientos que deseamos para nuestros hijos. Que tanto los niños como los adolescentes estén permanentemente informados no equivale a que tengan conocimientos, sepan discernir y generar hipótesis, o hacer demostraciones y sintetizar conceptos. No se trata de tener cada vez más recursos avalados por la técnica, sino de tener cada vez más recursos humanos que eviten la apatía, el enojo, los conflictos… Hay muchas formas de contraatacar y sabotear la autoridad de los profesores. Una de ellas es la que hace el alumno en clase; otras, las que proceden del ámbito familiar: no participando junto a la escuela en la educación de los hijos, absteniéndose de ir a las reuniones para padres, protestando…

Es así como los niños y los adolescentes reciben el mensaje de que la escuela se opone a ellos. En tales circunstancias el poder de la institución se pierde y puede caer en manos incluso de un grupo de alumnos difíciles. El poder de la escuela queda fragmentado, débil. ¿Cómo volver en tales condiciones a la idea de trabajo cooperativo continuo? Sin duda en primer lugar conviene pensar que lo que ocurre en el aula no es privativo de ella. Queda claro que en el aula influyen, aunque no estén presentes, los padres, la dirección, el profesorado, los sucesos que acontecen en el barrio, en la ciudad o en el país... El trabajo del profesor es usar todos y cada uno de los recursos que tiene a su alcance para motivar y enseñar. Enseñar, por ejemplo, que el camino más corto no siempre es el más beneficioso. Que no se trata de regañar o de castigar, culpabilizar o acusar, porque son formas de control rápidas, pero sin efectos duraderos, y que a menudo refuerzan conductas negativas. Al contrario, se trata de que los alumnos aprendan a ser personas íntegras y a comportarse como tales no sólo cuando son controlados.

Para ellos lo importante es que los profesores no se consideren a sí mismos ni a sus alumnos víctimas de las circunstancias. Ayuda el creer que sus alumnos pueden transformar su conducta. A veces funcionando más como instructores, como mediadores, otras veces como consejeros, o como figuras de autoridad. Siempre conscientes del poder de sus palabras, que funcionan como un «empujón» para sus alumnos, que les proporcionan confianza.

No, nadie ha dicho que la tarea sea fácil. Pero es bien sabido que la manera de educar debe ir acorde con los tiempos. Los griegos daban largos paseos con sus alumnos mientras transmitían conocimientos. Hoy toca formar a los jóvenes de un modo más integral, impulsándolos a que busquen por sí mismos, o como dice la sabiduría oriental: «Enseñando a pescar en lugar de regalarles los peces», pero sabiendo escuchar, incluso el murmullo de las paredes de las aulas...

Ésta es otra de las razones por las que las estrategias de este libro serán aún más efectivas si a la idea de educación integral también se adscribe el enfoque conjunto de todos los miembros de la comunidad escolar (administradores, profesores, y demás personal). Para ello resulta fundamental que también ellos conozcan y sepan aplicar unas diez o veinte estrategias eficaces. La idea de crear dentro de cada colegio un comité orientador (una de las estrategias del Proyecto Atenea) para coordinar las mejores estrategias en el recreo, el comedor, los desplazamientos de un aula a otra, durante los cambios de asignatura, el autobús, ha dado excelentes resultados. Un comité que también funciona para idear nuevas estrategias e investigar en la prevención bullying desde edades tempranas, etapa en que los niños no saben discernir qué es violencia y qué no lo es, ni dónde termina el juego y empieza la intimidación.

¿PREVENIR O INTERVENIR? HE AHÍ LA CUESTIÓN

Al contrario de lo que se cree, intervenir cuando hay un conflicto sin técnicas de prevención de la violencia es quedarse a medio camino. Existen muchas teorías que avalan la idea de que sólo hay que actuar cuando el bullying aparece, pero esto es un error. No basta con no mirar para otro lado. Hay que preparar a los profesores para que sean asertivos y a los alumnos para que sepan responder a las interacciones sin violencia. Cada estrategia escogida debe implicar al profesor y los objetivos que desee alcanzar, pero también se deberá tener paciencia cuando los resultados no se vean a corto plazo. A veces habrá que utilizar una batería de técnicas, otras veces unas pocas, o varias al mismo tiempo, hasta lograr el cambio de conducta deseado.

No hay que olvidar que son muchos los factores familiares y extrafamiliares que condicionan el comportamiento de los chicos. Las familias han experimentado cambios importantes.

De la familia extensa donde convivían tíos, abuelos y hasta primos, se ha pasado a una familia nuclear que idealiza y mantiene relaciones más democráticas. También hay familias ensambladas, formadas a partir del divorcio, lo que produce cambios de conducta importantes en los hijos debido a distintas formas de socialización. De este modo, mientras la familia tradicional se desdibuja cada vez más, el ritmo de vida actual funda nuevas formas de relación entre niños y adultos, que pasan de ser estrictamente autoritarias a más igualitarias. Este proceso tiene lugar porque se da a los niños una mayor autonomía, que a veces no concuerda con la inmadurez que manifiestan al estar hasta la edad adulta viviendo en casa de sus padres. Dichos cambios, unidos al gran poder que los niños ejercen ahora sobre los padres y maestros, está construyendo un imaginario social donde el hijo es el nuevo héroe, el nuevo «rey del hogar» (que otrora fuera el padre), que acapara todo el escenario visual y en quien la familia apuesta su futuro.

Padres o maestros, convertidos por moda social en «compañeros» o «amigos» de sus hijos o alumnos, implantan una «fantasía de igualación» que desvirtúa el poder de cohesión social. Se diluyen las funciones de los adultos y se debilitan las exigencias sociales, al mismo tiempo que se idealiza la «cultura juvenil». La juventud se ha convertido en el ideal de muchos que ya han pasado incluso la barrera de los sesenta. Constantemente se «deslegitima» y «deslocaliza» el valor del esfuerzo, la experiencia adquirida con el tiempo, la importancia de superar una frustración. De esta manera, ha cobrado vigencia una ética basada en la «ganancia rápida y fácil», cuyos riesgos y códigos de grupo reemplazan de alguna manera el «esfuerzo honrado», persistente y sacrificado en pos de una fama que se alcanza deprisa porque está carente de talento. Modelos imitados por nuevas generaciones de jóvenes que en su «entusiasmo por la vida» y una escasa percepción de sus límites viven el momento, desean el consumo inmediato, la buena ropa y la buena vida, junto con la satisfacción de provocar miedo, de sentirse poderosos con sus armas. Por todo ello, lo mejor que podemos hacer es enseñar a no favorecer discursos positivos sobre la violencia. Pensemos que, cuando es necesario intervenir, es porque antes han fallado muchas acciones.

CÓMO APLICAR LAS ESTRATEGIAS DE ESTE LIBRO

En este libro se presentan algo más de noventa estrategias antibullying para los tres niveles de aprendizaje —preescolar, primaria y secundaria—, algunas de ellas adaptables a otro nivel. También se explican métodos de detección del bullying, se revisan los papeles del profesor y de los padres y se habla de cómo llevar a cabo el trabajo en red. ¡Y qué tipo niños queremos para el futuro!

Para este libro, se han tenido en cuenta las capacidades de los alumnos según el curso al que pertenecen, a fin de ajustar la estrategia lo mejor posible a su capacidad emocional y de comprensión, por lo cual las estrategias deben comenzar en momentos puntuales de la infancia. La variedad de propuestas posibilita además que las estrategias sean tratadas dentro de un plan de objetivos a corto, medio o largo plazo. Es importante que antes de decidirse por una u otra estrategia se tengan en cuenta los objetivos socioemocionales, qué se quiere lograr, cuál es la meta del profesor dentro del aula, es decir, qué conducta se pretende conseguir o cambiar. También es preciso determinar si la estrategia se enfocará de un modo individual o si se aplicará una estrategia que esté diseñada para producir cambios positivos en un grupo. En cada capítulo las estrategias están organizadas de la forma siguiente: primero las que proporcionan recursos al niño y al adolescente; segundo, las que sirven para lograr un cambio de conducta individual y grupal; y, tercero, las más adecuadas para lograr una mejor aceptación social. Pero ello no implica que, en determinados casos, no se pueda recurrir primero a una estrategia que tenga una mayor repercusión social. También muchas de las estrategias que se sugieren para la etapa preescolar pueden adaptarse para ser usadas durante el ciclo de primaria.

Hay que tener en cuenta, por otra parte, que las estrategias de prevención si bien están destinadas a fomentar habilidades emocionales y comunicativas para que los alumnos aprendan tanto a evitar conflictos como a afrontarlos de manera no violenta, éstas también tienen repercusiones en el grupo. Por eso es necesario ser flexibles a la hora de aplicarlas.

En cuanto a las estrategias de intervención, son indicadas cuando se quiere actuar en el momento en que se detecte una situación en que no es posible la mediación con acuerdo de ambas partes. En estos casos, lo ideal es que se siga una línea basada en:

- «Ante la violencia, tolerancia cero.»
- El enfoque sin vueltas, que implica no ceder, parte de la premisa de que los niños necesitan una guía firme para aprender lo que está bien y lo que está mal.
- El enfoque de solución de problemas, que se caracteriza por afrontar el conflicto tratando de crear los espacios para solucionarlo entre todos.
- El enfoque de lograr un acuerdo.
- El enfoque de suavizar antes de intervenir.

En la mayoría de los casos, la experiencia ha demostrado que si el bullying es detectado en las primeras fases, los profesores o mediadores escolares pueden intervenir a tiempo con un amplio margen de satisfacción a la hora de obtener resultados positivos. Para saber en qué fases se halla el acoso, es determinante el estado emocional y psicológico de la víctima y el grado de implicación del grupo a favor del acosador. Por ejemplo, si la víctima se siente culpable y considera silenciosamente como verdadero lo que le dicen su acosador y los cuatro o cinco matonzuelos que lo rodean, es probable que el único modo de intervención posible sea la ayuda psicológica a la víctima y el trabajo de modelación de la conducta del acosador, con la participación de los padres de éste y un programa de actuación para la familia llevado a cabo desde servicios sociales. En este caso, estaríamos ante una fase avanzada del bullying, es decir, grave para la víctima.

En ningún caso habría que olvidar que «la nueva idea de sí mismo» que tiene la víctima aumenta la posibilidad de que el bullying cobre fuerza y cada vez se impliquen en el conflicto más personas. En esta fase la víctima se ha asumido como tal, y no habla con sus padres ni con sus amigos, ya no confía en nadie, se culpabiliza, y éste es el momento más peligroso, porque puede reaccionar de cualquier manera. Al llegar a este punto, el riesgo para la víctima y para el grupo es mayor, por lo que ya se necesita otro tipo de intervención y de estrategias.

Hoy por hoy, la falta de un programa de intervención ha llevado a que en muchos casos el bullying aumente su incidencia cuando los alumnos-víctimas cambiaban de colegio, cuando el acosador repetía curso o también cambiaba a otro centro y, como es lógico también cuando se han aplicado programas inadecuados. Por ejemplo, cuando los alumnos se han comprometido o han tomado parte activa en conflictos donde no ha habido la mediación de un adulto y se ha producido dentro del aula un desnivel de poder. Los acosadores, y sus seguidores, acostumbrados a interpretar como una amenaza las señales no verbales de los demás, suelen reaccionar ante aquellos alumnos que, bienintencionadamente, han querido actuar como mediadores. Creen que el alumno mediador deseaba ejercer algún modo de autoridad, y en muchos casos éstos no supieron cómo controlarse, generando conflictos e intimidando aquellos que se esforzaban por resolverlos.

Cabe recordar que algunos niños y adolescentes tienen tendencia a iniciar conflictos; otros, a convertirse en víctimas debido a que reaccionan de forma negativa ante la provocación; y otros, a asumir el papel de espectadores pasivos. Por ello, las estrategias de este libro pretenden implicar a todo el grupo con un objetivo común, a fin de que posteriormente pueda evaluar los resultados. Por ejemplo, para los niños pequeños la noción de «el otro» no es fácil de entender. Ceder ante el otro, tomar una posición determinada, mostrar interés o desinterés son conductas que se aprenden con el tiempo. De ahí que sea importante aplicar recursos para que los más pequeños puedan entender que sus actos repercuten en los demás. Éste es quizás uno de los pilares de la educación emocional y social en edades tempranas: intentar que los más pequeños comprendan lo positivo de la no violencia. De hecho, ningún plan preventivo o de intervención para hacer frente al bullying debería olvidar el importante papel de la familia. Por esa razón, como la familia es el lugar donde se gesta tanto la fuerza que ayuda a que se produzca el acoso como a pararlo, las estrategias del capítulo 8 están dedicadas a cómo enfocar el problema del acoso escolar con ellas. Y porque un plan de trabajo conjunto debe apoyar también a las familias, y más aún si es el centro educativo el que decide qué medidas adoptar para que no se repitan determinados actos.

En cualquier caso no habría que olvidar que los alumnos, durante el largo período de la educación escolar, pasan por diferentes etapas de aprendizaje en lo que se refiere a la noción del otro y a la conciencia de grupo. El grupo escolar, en este sentido, es el primer ensayo que los chicos realizan antes de aplicar lo que saben a un grupo social más amplio. La verdadera prueba de fuego no sólo está en el ámbito escolar, sino también en el barrio, en el medio en que se desenvuelven, y en las interacciones sociales futuras. Por fortuna, hay docentes que ven en estos cambios maravillosas oportunidades de aprendizaje, y sabe que no existe un único modo de aprender y mucho menos de enseñar. Ve en cada alumno a una persona bio-psi-co-social con infinitas posibilidades que se pueden desarrollar. Y porque son conscientes de que tal como se afirma la cultura keniana, para educar a un niño hace falta toda una tribu.

Septiembre, 2005

CUÁNDO APLICAR CADA ESTRATEGIA

Las estrategias de este libro están organizadas en el siguiente orden: primero se describen las que tienen por objetivo la adquisición de recursos internos; les siguen las que intentan lograr un cambio de conducta individual y grupal; y, por último las que incluyen también aspectos de índole social. Eso no significa que la repetición de una misma estrategia, por ejemplo del segundo grupo, no proporcione recursos internos o no pueda ser usada para tener una mayor conciencia social. Al final de cada explicación aparecen unos símbolos. Éstos sirven para explicar a cuál de estas tres categorías pertenece la estrategia, y a qué edades se pueden aplicar. El tiempo de aplicación dependerá de los objetivos del docente.

Î trabajo emocional individual
Ĝ cambio de conducta individual y grupal
Ŝ más conciencia social

■ P3
▲ P4
❙ P5
▥ De 1° a 3°
✪ De 4° a 6°
secundaria (1° - 4° ESO)
◆´ 1° ESO
◆´´ 2° ESO
◆´´´ 3° ESO
§ todos los cursos de primaria
§§ todos los cursos de secundaria
® todos los cursos desde primaria

LA EDUCACIÓN EN LA NO VIOLENCIA
DESDE LA ETAPA INFANTIL

El personal docente y directivo de un colegio puede consti-
tuir un modelo adulto de buen trato. Mediante relaciones
afectivas de apoyo y respeto puede brindar experiencias que
a menudo faltan en el hogar familiar [...]. Muchas historias
de vidas cuyos padres son incompetentes testimonian expe-
riencias reparadoras encontradas en la relación con la maes-
tra o con un profesor.

JORGE BARUDY Y MARYORIE DANTAGNAN,
Los buenos tratos en la infancia

Educar con estrategias que fomenten la no violencia no es una
idea nueva en nuestro país, ni fuera de nuestras fronteras. El
problema es saber qué estrategias elegir y cómo instrumentali-
zarlas. Uno de los objetivos a largo plazo de esta primera etapa del ciclo escolar es que los pequeños desarrollen hábitos
positivos de convivencia y que aprendan a respetarse. Se persigue que descubran que no se trata de que no haya conflictos,
sino de resolverlos de manera pacífica. El contacto con la diversidad y con la idea de que ninguno es mejor que el otro, los
acerca cada día un poco más a la noción de que el mundo no
se divide en niños perfectos e imperfectos, en iguales y diferentes, ni en los que piensan igual y los que no. Se darán cuenta

por sí mismos de que las diferencias hacen el mundo más interesante y divertido. Este concepto es en verdad uno de los desafíos de la enseñanza en los nuevos tiempos, por lo que el papel de los adultos es también insistir en demostrar a los niños que a partir de las diferencias podemos construir un mundo mejor.

¿CÓMO VEN LOS NIÑOS LAS RELACIONES CON SUS IGUALES EN ESTA ETAPA?

La mayoría de los niños de entre tres y seis años se sienten seguros cuando consiguen la aprobación social, aunque con diferentes matices. A los tres años se persigue la aprobación del docente; en los dos años siguientes, también la de los amigos. A veces, muchas de las iniciativas de los niños de preescolar tienen esta motivación, por lo que los elogios constituyen una buena herramienta de trabajo. La aprobación y la desaprobación, al ser una guía externa con la que los más pequeños aprenden a orientarse entre lo correcto e incorrecto, lo que ellos llaman lo bueno y lo malo, resultan útiles para los padres y los docentes, pero no siempre son de fácil interpretación para los niños. En especial porque entre los tres y los cuatro años los elogios son necesarios para formar su autoestima, y cuando se desaprueba la acción de un niño de esa edad, éste puede sentirse culpable y manifestarlo con conductas destinadas a llamar la atención, como la agresividad o el retraimiento. A los cinco años, aunque los elogios no son imprescindibles, si el niño no los recibe probablemente se volverá autoritario, rebelde y se enfrentará al docente y a los padres. Ahora bien, los elogios deben ser ofrecidos con mesura. Por eso, los adultos que están al cuidado de los niños en esta etapa han de recurrir también a otras opciones, como ayudarles a resolver satisfactoriamente sus conflictos. De esta manera la sensación de impotencia, inhibición, fanfarronería e intolerancia, propia de la edad, no aparecerá siempre que se sientan ignorados.

Por otra parte, no hay que olvidar que los niños de tres años saben muy bien cuándo hacen daño a otro, y también que pueden negociar cuando ven peligrar sus posesiones. Por ejemplo, entregando otro juguete con tal de que no les arrebaten el favorito. También pueden aprender sin problemas a pedir disculpas y a aceptarlas. A partir de los tres años incluso saben que son diferentes del resto de las personas y que algunos tienen ventajas sobre otros. En su opinión, para ocupar esa posición hay que presionar y mantenerse firmes, por eso los niños son maestros en los pulsos con sus padres. Ciertamente, esas competiciones por el poder están presentes en toda la etapa de preescolar, si bien disminuyen cuando el niño cumple los cuatro años, y aún más a los cinco, momento en que aprende las ventajas de la persuasión, los acuerdos y los pactos. Las luchas por el poder persisten de manera especial si los niños quieren llamar la atención de un adulto, averiguar el alcance de su fuerza u obtener su aprobación.

A los cuatro años, preguntas del tipo «¿Qué piensas tú de lo que estás haciendo?» tienen un efecto relajante porque les ayuda a pensar y a sentirse bien con ellos mismos. Y no sólo porque un niño de cuatro años es capaz de comprender las consecuencias de sus actos de un modo real y concreto, sino porque a esa edad ya ha descubierto que puede cambiar lo que no le gusta, aunque todavía no haya dejado atrás la etapa en que la fantasía y la realidad se funden.

La conducta de muchos niños de entre cuatro y cinco años empeora cuando, tras serles encomendada una tarea, sienten que no pueden llevarla a cabo. Ante la acumulación de frustraciones, es habitual que se enfaden, que tiendan a culpar a la primera persona que se cruce en su camino, o que tengan problemas de relación con sus compañeros, que molesten, que peguen... También ésta es la razón por la que suelen mostrarse tan irascibles, arbitrarios, autoritarios y dogmáticos que no ven que existen otros modos de hacer las cosas. Se sienten tan mal que no pueden relajarse. Lo importante en esos momentos es que el docente les ayude a llevar a cabo sus proyectos. Este cerrarse a nuevas ideas que a menudo manifiestan los niños de esa edad los vuelve más sensibles a la frustración, y no es raro que intenten solucionar sus conflictos imponiéndose a los demás a gritos. Y si el autoritarismo de un niño de cuatro años puede llegar a límites insospechados, no hay que esforzarse mucho para imaginar cómo es a los cinco, porque a esa edad los niños son además dogmáticos por excelencia, ya que creen que sólo hay un modo de hacer las cosas: el que ellos conocen. Algunos adultos consideran que el único modo de parar tanto ímpetu es avergonzándolos, pero con ello lo único que se logra es afianzar la tendencia natural al dogmatismo.

Otra característica de los niños de cinco años es que su mayor conciencia de la existencia del otro les permite cooperar y ayudar a los demás, aunque suelen decepcionarse con facilidad si un amigo no se comporta como ellos esperan. Por último no hay que olvidar que si a los cuatro años la pregunta de rigor era «¿Por qué?», a los cinco es «¿Cómo?», lo cual es de gran ayuda, porque así aprenden con más facilidad a respetarse, cuidarse y actuar en el mundo que les rodea. Además, están mejor preparados para controlar la impulsividad, y les resulta más sencillo admitir que si han pegado o dañado a alguien deben tratar de remediarlo, o que han actuado sin pensar en lo que hacían.

Alrededor de los seis años —y a veces hasta los siete—, los niños experimentan un desorden respecto a su imagen corporal: parecen torpes y además entran en una etapa de oposición a todo similar a la que atravesaron cuando tenían dos años. Se muestran altaneros, como si quisieran vivir sin límites, contradictorios e inconformistas. A veces también resultan muy impacientes y críticos, y para ellos todo es dramático y exagerado. Por eso es importante que la comunicación con los adultos siga siendo fluida, con mensajes concisos, directos y positivos, evitando especialmente los sermones. Con los sermones los chicos se acostumbran a que los adultos hablen y hablen de cosas que ellos no escuchan.

Es importante comprender que los niños de entre tres y seis años pasan muy deprisa de una fase a otra y que ellos mismos se sorprenden al verse diferentes y también por el modo en que entienden «al otro», a un igual pero diferente en muchos aspectos.

LA ACTITUD DEL ADULTO

A continuación describimos los once pilares sobre los que debe sustentarse la educación de un niño de entre tres y seis años:

1. Transmitir a los niños una imagen de interés y de confianza que les hará capaces de cambiar una actitud negativa por una positiva.
2. Reaccionar con empatía frente a las demandas, pero haciendo que siempre se cumplan los límites y las normas del ámbito de actuación (la clase o la casa).
3. Mirarlos a los ojos y conseguir que nos miren. Hay que valerse de la mirada para captar la atención. Es recomendable ponerse a la altura de sus ojos para producir un encuentro más directo.
4. Ser coherentes entre lo que se dice y lo que se hace.
5. No dar nunca respuestas inciertas o imprecisas. Es preferible tomarse unos momentos antes de responder. ▶

6. Decirles siempre la verdad adaptándola a su comprensión.
7. Estar tranquilos y relajados en su presencia.
8. Usar frases cortas.
9. Hacer uso de un lenguaje no verbal adecuado, que ellos interpretarán perfectamente, ya que es el primero que aprenden.
10. Leer el lenguaje no verbal del niño. Por ejemplo, serán señales negativas la rigidez; la boca apretada o con las comisuras hacia abajo (indicando tristeza y desilusión); los labios apretados (manifestando ira reprimida y desinterés); las cejas y la frente fruncidas (demostrando ira); las cejas levantadas y los músculos faciales relajados (indicándonos sorpresa y curiosidad); o la cara tensa (anunciando miedo o dolor). Los puños apretados sugieren miedo o tensión. También hay que observar la posición de los pies y hacia dónde dirige el niño el peso de su cuerpo, si es hacia delante, como cuando está relajado y atento, o hacia atrás. ¿Cuándo cambia el mensaje de su cuerpo: al hablar, al contar que otro le ha pegado, cuando está especialmente nervioso? ¿Qué sentimientos expresa con el cuerpo: alegría, desinterés, miedo? ¿Cambia el tono de voz? ¿Es más agradable, autoritario o desvalido, por ejemplo, cuando está frente a un adulto? ¿Repite sílabas? ¿Tartamudea?
11. Regular el tono y la firmeza de la voz. Un tono muy agudo los asusta y los pone tensos, y un tono muy grave los distrae. Un tono de voz más normal ayuda a transmitir mejor los mensajes. Conviene recordar que cuanto más griten ellos más debemos bajar el tono de voz. Cada vez que hablemos con un niño debemos mantener un contacto físico simple, como apoyar una mano sobre su hombro o en su mano. A estas edades, la proximidad física se vive con placer.

Es evidente que una de la claves de la convivencia armoniosa a estas edades es proporcionar a los niños un buen modelo que imitar. Los maestros que saben transmitir paz, sentido común y buen humor, no deberían permitir que se rompan las reglas de convivencia positiva que se han marcado. Otra de las claves de la buena convivencia radica en que los niños aprendan a percibir correctamente las señales no verbales de sus compañeros, que no las interpreten como hostiles y reaccionen mal. Es decir, que no haya conflictos sin motivo, algo común a los tres, cuatro y cinco años. Lo primero que habrá que intentar es que los niños sean capaces de ver qué pasa, cuál es el conflicto. Es posible que algunos niños se muestren furiosos y obstinados, y será preciso calmarlos. Habrá que enseñarles que no nos gusta hablar en esas condiciones, cuando no nos entendemos. También les podemos hacer ver que estamos molestos por su conducta, o que otro niño puede sentirse molesto.

A veces la tendencia a estar mal con sus compañeros a algunas o a todas las siguientes razones:

- La acumulación de mucha tensión en el hogar; por lo general, los niños de esa edad están inmersos en situaciones de estrés mayores que las vividas de pequeños por quienes cuidamos de ellos.
- La costumbre de responder con agresividad cuando las cosas no salen como ellos desean.
- La falta de conciencia de que lo que hacen a los otros les daña.
- La percepción de que algunas de sus necesidades emocionales, sociales o vitales no están satisfechas.
- No sentirse escuchados ni tenidos en cuenta en su entorno más cercano, y no haber encontrado quien cumpla esa función en la escuela.

Por último, es conveniente que las estrategias seleccionadas para estas edades favorezcan el aprendizaje creativo, es decir, que ofrezcan al niño la posibilidad de sentirse un actor comprometido que puede tocar, probar, identificarse, mirar e imaginar, con lo cual le será más difícil interiorizar lo aprendido. Además, para lograrlo, la aplicación de las estrategias deberá ser continua (no basta con estrategias esporádicas), secuencial (ir consiguiendo una complejidad progresiva), y con un planteamiento integral, o sea, que incluya conocimientos, pero también actitudes y habilidades.

ESTRATEGIAS PARA LA ETAPA DE PREESCOLAR

1. Potenciar la empatía

La empatía es la capacidad de reconocer cómo se sienten las personas que nos rodean. En el caso de los niños la empatía también evoluciona a medida que ellos crecen. ¿Cómo cambia esa capacidad natural de reaccionar frente a las emociones de otra persona? Digamos que en este aspecto los humanos jugamos con ventaja, ya que se ha comprobado que la mayoría de los bebés, si oyen llorar a otro, se giran y lloran con ellos. ¿Sólo por imitación? Es probable que no. A la edad de dos años, si un niño ve llorar a otro generalmente busca consolarlo. Así, si bien para un niño de tres años el otro es alguien que simplemente está a su lado, pero con el cual no interactúa con interés se dice que a estas edades «está al lado de otro pero no con otro», eso no significa que haya que desestimar el uso de estrategias, porque tarde o temprano el niño las aplicará y porque a los tres años ya hace tiempo que funciona como un espejo ante los sentimientos de los demás, los imita. Alrededor de los cinco años la empatía se torna cognoscitiva y los niños pueden entender el punto de vista del otro, incluso en la mayoría de los casos actúan acorde a lo que creen que deben hacer según las señales que el otro, su igual, le manda, y él o ella interpretan. Digamos que el niño no necesita ver sufrir a otro para entender que piensa diferente, que tiene otras necesidades.

A partir de los nueve años los niños proyectan su empatía más allá de aquellos que le son próximos, pueden entender la diversidad y desean ayudar a los que piensan de un modo diferente y a quienes no conocen. De hecho, entre los cuatro y los cinco años se da el cambio de la noción de *otredad*, tras lo cual se adquiere más conciencia del otro: los chicos ya saben qué daña a sus compañeros y qué no, incluso pueden preverlo, aunque no siempre puedan controlar sus impulsos.

Por todo ello, los cuentos son la mejor manera de potenciar la empatía entre los más pequeños. No sirve cualquier cuento, sino los que han sido pensados para lograr el bienestar emocional de los niños. Por ejemplo, los fantásticos cuentos de Cornelia Nitsch.[2] Tras la lectura de cuentos que muestran la importancia del respeto hacia los sentimientos de los demás, es posible dialogar sobre las emociones, expresar sentimientos, describir conflictos… Gracias a la identificación con los personajes de los cuentos, los niños aprenden a poner en orden su mundo interior, y con ello obtienen una dosis extra de seguridad a la vez que aprenden paulatinamente a ponerse en el lugar del otro. Además, como se trata de buenas historias, también se desarrolla la imaginación, se enriquece el lenguaje y se fomentan los sentimientos positivos. Lo ideal es que los cuentos sean narrados sin mostrar las imágenes, para potenciar la fantasía.

¿Qué hacer para que los niños pequeños, cuya visión es siempre en primera persona, comprendan que los demás sien-

2. Nitsch, Cornelia, *Cuentos que ayudan a sus hijos*. Lecturas para curar, consolar y alentar, Medici, Barcelona, 2001.

ten, quieren y sufren como ellos? Personalmente sé que los cuentos en primera persona los hacen pensar. No obstante, cuando son narrados siempre existe la posibilidad de interpretar cada personaje, su modo de hablar y de mostrarse ante los demás.

Por otra parte, muchos de estos cuentos pueden ser dramatizados, ya sea con títeres o por ellos mismos, siempre haciendo hincapié en los sentimientos de unos y de otros. Incluso con un tenedor y una cuchara de madera es posible narrar una historia y hacer que los niños participen y tomen partido. A estas edades la imaginación es la mejor arma con que cuentan los profesores para producir cambios. Para que la experiencia sea más interactiva es ideal hacer preguntas del tipo: «¿Sabéis cómo me siento?», «¿Habéis estado alguna vez tan tristes como yo?», «¿Cuándo os ponéis tristes vosotros?».

Los temas que mejor funcionan en estas representaciones son la pelea por la posesión de objetos, la mentira, la tozudez, la codicia, los celos, la envidia y la indiferencia. Es importante que al final los niños lleguen a la conclusión de que los protagonistas pueden luchar por lo que es suyo sin golpear ni lastimar al otro, por medios pacíficos. O que pueden decir lo que les pasa sin temer represalias.

Después de leer o narrar el cuento, lo mejor es que el maestro establezca un diálogo a partir de los puntos siguientes:

- Preguntar por los sentimientos de los personajes.
- Trabajar sobre qué piensa un personaje de otro, o cómo lo ve.
- Preguntar cuál les gustó más y por qué.
- Dialogar sobre lo que los niños sentían mientras escuchaban el cuento.
- Demostrar que hay cosas que nos pasan a todos.
- Potenciar el buen humor. En cualquier caso habrá que evitar los cuentos donde los personajes se hieren unos a otros.

Que un niño se caiga porque tropezó bien puede ser motivo de risa para los más pequeños, pero si en ese momento el adulto se ríe el niño no comprenderá por qué se le enseña a no hacer daño. A estas edades lo que les divierte son aquellas situaciones en que los animales dan regalos, intentan atraparse unos a otros, se cuidan entre sí, caminan bajo la lluvia y al pisar un charco se salpican... En síntesis, todo aquello que tiene que ver con sus vivencias.

- Mostrar lo importante que es escuchar con atención cuando otros hablan.
- Reforzar la idea de que vivimos mejor en paz.

Las técnicas con que se complementan estos cuentos son las relacionadas con el momento inicial del día: el diálogo, cuando el docente les pregunta qué han hecho el fin de semana o el día anterior, o cómo se han sentido... También durante las disputas en el recreo entre niños pequeños es posible hacer referencia a los personajes de los cuentos, a fin de que comprendan cómo se siente el otro.

Si se decide introducir esta estrategia en cursos superiores para paliar algún tipo de carencia en el reconocimiento de las emociones de los demás, la lectura que se elija dependerá de la edad de los niños, y el refuerzo deberá hacerse mediante la comprensión de los sentimientos entre iguales. Entre los seis y los nueve años el respeto al otro está en función de los logros personales de aquél, así que quizá sea conveniente usar varias estrategias individuales y grupales. Alrededor de los nueve años, la mayoría de los niños descubren que el mundo es un sitio donde aún quedan cosas por descubrir y el grupo es un buen compañero de viaje para la aventura. Esta noción puede que dure hasta los diez o los once años, época del gran amigo, de la fidelidad al grupo, que no acabará hasta los dieciséis, cuando ese sentimiento tendrá otras dimensiones más sociales. Entre los doce y los quince años, el individualismo, la competitividad y la necesidad de pertenecer a algo diferente de la familia hace que los niños se aferren al grupo, pero que dentro de él haya tensiones y conflictos. Por lo tanto, habrá que seleccionar técnicas adecuadas al perfil de cada grupo. En cualquier caso, siempre será necesario dialogar sobre lo que sienten y lo que les pasa.

Î, ■, ▲, Į, ■, ☺, ◆´, ◆´´

2. *Expresión y comprensión de los propios sentimientos*

Existen muchas actividades para que los niños empiecen a expresar y comprender sus sentimientos desde edades tempranas. Una de ellas es jugar con tarjetas. Generalmente se usan siete tipos diferentes de tarjetas, a saber: alegría, tristeza, enfado, tranquilidad, amor, desprotección e ira, pero paulatinamente se van incorporando nuevas tarjetas de dos en dos: son las tarjetas del «Hoy me siento». Para jugar los alumnos se colocan en semicírculo alrededor del docente y cada uno explica cómo se sintió al despertar, de camino a la escuela y en ese momento. Los chicos que reconocen haber experimentado cambios desde que se levantaron hasta entonces pueden ser estimulados a identificar las razones de dichos cambios.

Otra actividad consiste en que los niños expliquen cuándo fue la última vez que se sintieron del modo que muestran las tarjetas.

A los tres años los niños sólo son capaces de reconocer los estados de ánimo por oposición, por ejemplo, alegría-tristeza, y no siempre saben poner un nombre a estas emociones. Lo mejor es asignarles un color. Así la alegría puede ser el amarillo o el naranja, y la tristeza el gris. Es evidente que la asignación de estos colores dará mucho juego a los docentes para incluir los estados de ánimo en las técnicas grafoplásticas, en el momento de la narración o en las dramatizaciones con objetos.

A estas edades también son eficaces las caritas de cartulina con expresiones dibujadas: triste, enfadada, alegre, risueña, pensativa... Suelen ser una buena motivación para empezar a hablar de cómo se sienten. Se les pregunta si alguna vez han estado así, cuándo y por qué. Con los grupos de P3 las tarjetas pueden usarse cada día, e ir espaciando la frecuencia en los dos cursos superiores.

Generalmente estas sesiones son más didácticas si se acaban con un cuento sobre la conveniencia de expresar las emociones negativas en lugar de dejarse llevar por los impulsos que generan.

Otro objetivo de esta estrategia es que los niños aprendan a diferenciar e identificar las emociones positivas y negativas de los demás.

Sentimientos que los niños pueden reconocer:

A los 3 años: alegría, tristeza, enfado, amor, cariño, necesidad de cuidado.
A los 4 años: todos los anteriores además de entusiasmo, desilusión, miedo, ira, rabia.
A los 5 años: todos los anteriores además de celos.

Î, ■, ▲, ▮

3. El control del mal genio

A los niños pequeños realmente les cuesta contenerse cuando se sienten frustrados, no reaccionar con mal genio cuando se enfadan o no se salen con la suya. El mal genio suele desencadenar problemas a la hora de realizar trabajos en grupo o de lograr un buen clima en clase. Por esta razón es importante prevenir las explosiones de mal genio con técnicas adecuadas y aplicadas con continuidad. Para empezar, la idea que debe tener clara el docente es que si se desea que los niños controlen el mal genio en esta etapa, los pequeños deben aprender inmediatamente a reconocer la diferencia entre estar tensos y estar tranquilos, a darse cuenta de que están nerviosos o que sienten una emoción negativa y a ver que pueden hablar de ello y volver a estar tranquilos. Es decir, reconocer por sí mismos que ningún estado negativo dura mucho tiempo si ellos no lo desean.

Por ejemplo, pueden ir un rato a pensar al «rincón de la concordia» (véase la estrategia número 8: «Crear el rincón del diálogo y la concordia»), y pueden pedir ayuda al docente para exteriorizar la rabia dibujando con lápices de colores y tizas mojadas en leche azucarada sobre papel. Mucho mejor si se trata de un tipo de papel o cartón especial, como el cartón arrugado o el de las cajas de huevos, para que llame la atención del niño y lo distraiga de su estado. Otra opción es que el docente ayude al niño a reírse de sí mismo, por ejemplo, haciéndole carantoñas frente al espejo hasta que se le pase el enfado. El humor permite que las emociones se perciban con menor gravedad. Es una falsificación de la realidad que sirve para distender y dejar de representar un papel sustentado en la ira. Al reír, el niño puede volver a establecer nuevos vínculos positivos.

Después es importante que los niños que han reconocido su malestar y han encontrado alternativas positivas para sacar su rabia sean reconocidos públicamente y premiados, por ejemplo, mediante el juego de las estrellas. Sólo se necesitan pegatinas en forma de estrella y una cartulina donde se han escrito los nombres de los niños. Cada vez que logran controlar el mal genio ganan una estrella.

No hay que olvidar que así como la imaginación es una de las mejores herramientas naturales de los niños para mejorar actitudes, a los cinco años el sentido del humor también es un recurso excelente.

Otros ejercicios para liberar tensiones son los que se realizan en grupo, jugando con la tensión y la relajación de los músculos. Se trata de estirar un brazo, apretar con fuerza el puño y luego aflojarlo, tumbados boca arriba sobre colchonetas. Hay que repetir lo mismo de tres a cinco veces con uno y otro brazo.

A veces resulta positivo dejarlos solos unos minutos para que expresen lo que sienten en algunos de los rincones, a su elección. También es bueno dar advertencias y señales al niño cuando comienza a comportarse mal. Es una manera más compleja de enseñarles autocontrol: «Es la segunda vez que te lo digo», o «Falta poco para que formemos una hilera y salgamos al patio»...

Cuando son mayores se les da un reloj y se les dice: «En los próximos treinta segundos no pienses en la rabia que sientes. Mira el reloj y contrólala hasta que pasen treinta segundos». Después de un rato se les pide que la controlen cuarenta segundos, luego cincuenta... Cuando lo han logrado se les enseña que ellos tienen poder sobre sus emociones y que pueden pensar con calma qué hacer.

Î, ■, ▲, ▮

4. Aprender la importancia de un «no»

Para los niños, decir «sí» o «no» es a veces el resultado de un impulso, más que una expresión de lo que realmente quieren. Desde que son pequeños deben aprender a pedir aquello que necesitan y a rechazar lo que les daña. Para explicarles la importancia de decir «no» se les puede explicar el cuento del osezno que siempre decía que no. Es la historia de un osezno que decía «no» por capricho. Un día llegó un hada, lo tocó con su varita mágica y lo hechizó de tal modo que no podía decir otra cosa. Una tarde, el osezno se perdió al regresar del colegio a su casa y, como la única palabra que le salía era «no», no pudo preguntar el camino, ni pedir ayuda ni comida. Entonces se transmite a los niños el mensaje de que decimos «no» si algo no nos apetece o no nos agrada, si no queremos hacer algo que no deseamos o no podemos porque está mal. Finalmente se retoma el cuento diciendo que, cuando el osezno se dio cuenta de que ésa era la clave, el hada le quitó el hechizo.

En ese momento se puede pactar con el grupo a qué decimos no. Por ejemplo:

A los 3 años, decimos no:
  a los chillidos.
  a pegar.
  a empujar.
A los 4 años, además de lo anterior, decimos no:
  a los que no escuchan.
  a los que no dan las gracias.
A los 5 años, además de lo anterior, decimos no:
  a los que no cuidan el planeta.
  a los que no aceptan las diferencias.

Î, ■, ▲, ▍

5. *¿Quién soy yo, quién eres tú?*

Probablemente la mejor motivación para esta estrategia se encuentra en el libro *Cuatro esquinas de nada*, de Jérôme

Ruillier,[3] donde con unas imágenes y un lenguaje perfectamente adaptados a niños de tres a cinco años se cuenta cómo un cuadrado puede vivir entre un grupo de círculos.

Los juegos de reconocimiento de las diferencias se llevan a cabo para prevenir exclusiones y rechazos. A partir de los cuatro años los niños ya pueden decir «Yo soy Juan», «Yo soy África». La identidad es a estas edades una carta de presentación. Ya no hablan de sí mismos en tercera persona, como cuando tenían dos o tres años. Alrededor de los cuatro años aparece además una nueva característica: desean hacer lo que quieren, por lo que a esa edad se la considera «la edad de la anarquía»; buscan demostrar sus preferencias, ponerse a prueba, competir con los demás y averiguar el alcance de su poder.

Los juegos de espejo, como «¿Quién soy?», les sirven para: llevar a la práctica lo que han aprendido acerca de sí mismos en las etapas anteriores y mostrarse a los demás, reconocer sus gustos y capacidades, valorar a los demás, dar lo mejor de ellos mismos, aprender a automotivarse.

El juego consiste en que cada uno diga quién es y lo que más le gusta de sí mismo y de otro compañero. Esto les permite a todos tener un especial protagonismo, aunque algunos niños se muestran especialmente competitivos. Es evidente que las consignas pueden variar. En otra ocasión el grupo se puede reunir para hablar respondiendo a la pregunta: «¿Cómo me llamo y qué me gusta?».

La segunda parte de este juego, que se lleva a cabo cuando se ha logrado completar la primera, consiste en que un niño se coloque en medio de un círculo formado por los otros alumnos con los ojos vendados y el brazo estirado. El docente le hace girar sobre sus pies mientras dice «¿A ver cómo es...?».

---

3. Ruillier, Jérôme, *Cuatro esquinas de nada*, Juventud, Barcelona, 2004.

El niño del centro se para y señala al frente. Se quita la venda y tiene que decir tres cosas positivas del compañero al que ha señalado.

Î, ▲, I, ■

6. La relación entre pensar, sentir y actuar

Se trata de crear secuencias de tres, cuatro o cinco imágenes, según la edad, que muestren una clara distinción entre pensar, sentir y actuar e incorporarlas a los rincones de juegos. Por ejemplo, en una secuencia de imágenes puede aparecer alguien que piensa en escribir una carta y lo hace, o bien alguien que siente amor por otra persona y va a visitarla. Los personajes pueden ser animalitos o humanos; es indistinto. Lo importante es hacer hincapié en que hay acciones que llevamos a cabo por lo que pensamos y otras por lo que sentimos.

Desde los seis años hasta los doce es necesario reforzar con cuentos la educación sobre estos aspectos, para que los niños aprendan a controlar aún más sus impulsos.

A partir de los siete años los niños deben comprender que a veces lo que queremos hacer no es lo que debemos hacer. Para ello se plantearán situaciones ficticias sobre problemas donde haya que tomar una decisión entre lo que se desea y lo que se debe hacer. Se trabajará siempre por grupos que, al final de la técnica, expondrán las conclusiones al resto de la clase.

Î, §

7. *Motivarlos para resolver sus conflictos*

Una de las mejores maneras de hacer que los pequeños entiendan que las relaciones positivas son más satisfactorias es ayudándoles a que deseen resolver sus conflictos con técnicas siempre acordes con la edad. Por ejemplo, demostrándoles que cuando hay peleas todos nos aburrimos, que se pierde tiempo y no se puede jugar, que no se pueden hacer otras cosas más divertidas...

Para los que se inician en la etapa preescolar, estos mensajes deben ir acompañados de otras actividades, como cuentos con secuencias de imágenes, por ejemplo, la historia de dos animales que están enfadados. Primero se muestra una imagen en blanco y negro de los personajes separados, luego se explica cuál es el conflicto y a qué solución llegaron; finalmente, en la última imagen se los ve contentos y abrazados, rodeados de colores divertidos.

Ĝ, ■, ▲, ▮

8. *Crear el rincón del diálogo y la concordia*

La mayoría de los investigadores que estudian la resolución de conflictos consideran que los niños deben saber que hay un espacio físico donde pueden solucionar sus conflictos. ¿Pero cómo hacerlo en edades tempranas? Sin duda la mejor opción es agregar un rincón más al juego de los rincones. El rincón de la concordia es un espacio dentro del aula al que los chicos entran para reflexionar sobre sus conflictos y solucionarlos. Durante la enseñanza primaria puede ir evolucionando hasta convertirse en lo que llamaremos el Aula de convivencia. Pero ahora, en preescolar, el rincón de la concordia es un espacio de la sala que tiene una cortina transparente y donde deberían caber una mesa y dos sillas. La cortina transparente (por ejemplo, de tul) permite a los demás ver qué sucede allí.

Como es lógico, no se trata de un rincón para jugar, pero sí de un lugar al que los niños puedan llevar objetos para decorarlo, donde pueden pegar sus dibujos u otras creaciones... El docente puede enviar allí a dos niños que se pelean y decirles que quiere que salgan con una solución. El rincón de la concordia bien puede llamarse también el rincón de los amigos. Si bien su función es especial, en la etapa preescolar debe considerárselo como un rincón más al que los niños son enviados para llegar a un acuerdo, y no hay que olvidar que se les debe enseñar cómo hacerlo. Para ello, el docente explicará a todos los niños en qué consiste llegar a un pacto para ponerse de acuerdo (véase la estrategia número 9, acerca de la descripción de conflictos). Después de varios ejemplos, un día se les puede pedir que lo hagan solos. Es decir, que se dirijan al rincón de la amistad a solucionar su problema y que vuelvan con un pacto. Cuando surja un problema en el grupo, el docente también podrá acercarse al rincón de la concordia y hacer que sus alumnos se sienten en semicírculo a su alrededor para hablar con ellos.

Con el tiempo, los más pequeños habrán aprendido que se va a ese lugar para resolver problemas. Cuando los niños salgan del rincón, se les podrá preguntar: «¿Cómo habéis resuelto vuestro problema?». De esta manera se perfila para los niños la imagen del docente como mediador, aunque es evidente que no todos los pequeños sabrán qué responder a esa pregunta.

Por otro lado, es importante no usar el rincón de la concordia diariamente para todos los conflictos, pues perdería su valor. Lo mejor es reservarlo para cuando no es fácil llegar a acuerdos.

El objetivo del rincón de la concordia es que los alumnos comprendan desde edades tempranas que los conflictos, generalmente valorados de forma negativa debido a que se confunde conflicto con violencia, pueden resolverse también de forma no violenta. De esta manera aprenden que, más que de eliminar el conflicto, de lo que se trata es de saber regularlo creativa y constructivamente. Para ello tanto el profesor como los alumnos deben reconocer que el conflicto existe. Esto significa que los alumnos no sólo necesitan ayuda para resolver los problemas, sino también para reconocerlos. De ahí que la identificación del núcleo del conflicto sea fundamental para encontrar una solución más deprisa. A esto se le llama «contextualizar», por lo que el paso siguiente en cursos superiores siempre será ayudarles a reconocer que los conflictos se pueden definir y que no tienen una única solución, que no existen respuestas unívocamente correctas.

Ĝ, ■, ▲, ▮

9. Describir conflictos

A menudo cuando dos alumnos se pelean hay versiones diferentes acerca de qué ocurrió, y eso dificulta el modo de encontrar el origen del conflicto. La confusión frente a los conflictos genera a su vez malentendidos, lo que retrasa los acuerdos. Podemos enseñar a los alumnos a contar objetivamente un conflicto. Con los pequeños, lo más acertado es usar imágenes. Por ejemplo, que relaten una historia protagonizada por animales, o bien que expliquen una situación típica del pequeño mundo familiar, un mundo que los niños conocen bien. Lo importante a esas edades tempranas es conseguir que los niños cuenten los hechos tal como ocurrieron, sin irse por las ramas, sin personalizar ni culpabilizar, es decir, de la forma más imparcial posible. Entre los tres y los cinco años esto es realmente complicado, y tal vez no se logre hasta los cinco, pero siempre hay que insistir con las preguntas «¿Qué ha pasado?» o «¿Qué pasa aquí?».

Cuando se trata sólo de un ejercicio teórico y no de algo que les haya pasado a ellos, los niños pueden imaginar más soluciones, más formas de llegar a acuerdos que cuando están implicados.

En este sentido me parece importante referir lo que le ocurrió durante una actividad escolar a un niño de seis años que estaba entrenado en la resolución de conflictos en el aula. Según explica el niño, se sintió inesperadamente apartado de sus compañeros en la clase de música, cuando sus dos amigos, en lugar de sentarse junto a él, como siempre hacían, se sentaron aparte. Se lo contó a sus padres y estuvo pensando qué hacer durante todo el fin de semana. El niño se dio cuenta de que el problema no era el rechazo por parte de sus compañeros, sino que los bancos donde antes estaban los tres juntos habían sido separados durante la limpieza del colegio, así que el siguiente día de clase llegó un poco antes, entró al aula y unió los bancos. A la hora de la clase de música, los tres compañeros volvieron a sentarse juntos.

Obviamente los niños mayores de seis años no siempre saben cómo contar conflictos sin culpabilizar ni personalizar («porque él piensa que yo...»), así que no está de más aplicar esta estrategia como una forma de convivencia en cursos superiores. En primer lugar, porque la descripción objetiva de los conflictos ayuda a encontrar las razones que los han provocado con mayor rapidez. A veces da buenos resultados que las partes implicadas escriban lo que ha ocurrido y lo firmen, a modo de confirmación. A partir de los ocho años lo ideal es que lo escriban y luego, si es posible, lo expongan. La firma, entre los siete y los once años, da idea de que se está haciendo algo importante. Cuando son mayores, a partir de los doce años, la descripción de conflictos debe estar encaminada no sólo a buscar el origen de los mismos, sino también a idear más de una estrategia para solucionarlos.

En cualquier caso, los docentes no habrán de olvidar que para que los alumnos se entrenen en la descripción objetiva de los conflictos conviene hacer preguntas abiertas del tipo «¿Qué ocurrió?», «¿Qué ha pasado?», «Cuéntame...», y no «¿Qué has hecho?». Mientras el alumno describe el conflicto es conveniente no interrumpir, dejar que relate lo sucedido, que pueda escucharse a sí mismo. No importa si se contradice, se dará cuenta de ello cuando acabe de exponer los hechos y se le pida que lo aclare. Al terminar, si tiene más de seis años, puede ser conveniente dejarlo solo para que reflexione sobre lo que ha contado durante cinco minutos, y que después exprese qué le parece o qué piensa de su modo de actuar.

$\hat{G}$, § y especialmente ■, ▲, ▮, ■

10. *La suerte de ser diferentes*

Se trata de una excelente estrategia para cuando los niños no aceptan a los demás porque ven en ellos características diferentes de las suyas (ya sea por el aspecto, porque inventan juegos distintos, quieren otras cosas o porque no piensan como la mayoría). Esta estrategia comienza con un cuento, el del niño que siempre se quejaba de que los demás no hacían lo que él quería. Un día llegó un hada y le prometió hacer realidad lo que deseaba. Lo tocó con su varita mágica y el niño se durmió. En su sueño llegó a un planeta lejano donde tenía todos los juguetes y amigos que deseaba, pero ese mundo era igualmente aburrido, porque no había nada que descubrir. En ese planeta todos los niños se parecían a él; todos los padres, a sus padres; todos los abuelos, a sus abuelos; y todos los hermanos, a sus hermanos. Al poco el niño se aburrió tanto que quiso volver a su vida de antes donde estaban… (aquí, en medio del relato, el docente cita a los niños de la clase y los describe en dos palabras). Y es que el niño estaba tan aburrido que deseaba más que nadie conocer a personas que vistieran diferente, pensaran diferente, tuvieran ideas diferentes… Cuando su deseo fue lo suficientemente fuerte, el hada lo despertó y el niño se dio cuenta de que era más divertido que sus amigos fueran todos distintos, porque así podía aprender cosas y juegos nuevos, aunque a veces no estuviera de acuerdo…

Otro cuento adecuado a esta estrategia es *Los cinco horribles*,[4] de Wolf Erlbruch, para P4, que relata cómo cinco animales diferentes llegan a convertirse en amigos gracias a la creatividad.

Otro de los juegos consiste en reconocer diferencias. Se le tapan los ojos a uno de los alumnos. El docente indica a otro que describa a uno de los compañeros de la clase, diciendo el color de su mochila, de su pelo, a qué le gusta jugar… El chico con los ojos vendados tiene que reconocer de quién se trata.

Un segundo juego consiste en grabar la voz de los alumnos en una cinta y luego escucharla en grupo para notar que las voces son diferentes. Como en el caso anterior, a un alumno se le tapan los ojos y debe adivinar quién es el compañero que habla. Si no lo consigue, se le permite tocarle el pelo o la cara para descubrir quién es. Esta estrategia se combina además con trabajos cotidianos que hagan hincapié en la diversidad.

$\hat{G}$, ■, ▲, ❙, ■

---

4. Erlbruch, Wolf, *Los cinco horribles*, Juventud, Barcelona, 2001.

Es importante afrontar sentimientos y emociones diversas mediante juegos que representen la inclusión y exclusión de un grupo. La exclusión social de los alumnos cumple un peligroso papel en el bullying y en otras formas de violencia en el aula. Generalmente, en la etapa de preescolar los niños excluyen al que no concuerda con las normas de la mayoría, al que molesta, al tímido o al que por alguna razón se autoexcluye. Desde edades tempranas es importante que los colegios actúen integrando en este sentido a los niños inmigrantes.

Existen muchos juegos cooperativos que ayudan a evitar la tendencia a la exclusión. Estos juegos tienen la peculiaridad de que nadie gana ni pierde, sino que todos se esfuerzan por un objetivo común. Como se trata de desarrollar la habilidad de ser tolerantes, las actividades no se dirigen a la competición sino a la capacidad de compartir. Buscar objetos escondidos en la sala, armar una figura humana en el suelo con materiales de la clase, disfrazarse y pintarse unos a otros, hacer un puzzle gigante… También pueden clasificar objetos diferentes en cajas de colores (no más de dos o tres cajas).

Si surge algún problema el docente siempre tiene la posibilidad de preguntar «¿Cómo podríamos resolverlo?». Esta pregunta es muy eficaz para enseñar a los niños a buscar soluciones basadas en el «nosotros» y no en el «yo». A los tres años puede ser complicado razonar en términos de «nosotros», pero no imposible. Cuando aparezcan oposiciones o rivalidades no debe permitirse que ningún niño abandone la reunión motivado por los sentimientos negativos del momento. Antes hay que llegar a una solución o a un acuerdo. Lo importante de estos juegos es también que puedan explicar cómo se han sentido una vez que han acabado.

Los niños mayores, dependiendo de su madurez, pueden hacer actividades más complejas en grupo con la ayuda de un adulto, como construir una cometa, un camión o una casa pequeña con cajas de cartón entre todos. Otras opciones son coleccionar cosas y plantar semillas y cuidar el crecimiento de las plantas.

Ĝ, ▲, I, ■

12. *Insistir en el respeto*

Los niños a estas edades pueden realizar tareas que impliquen respeto. Se trata de tareas rutinarias, como saludar, dar las gracias o pedir permiso. Lo importante es que ninguno deje de hacerlo. Obviamente enseñar el respeto a un niño pequeño exige una gran dosis de paciencia por parte del profesor. Lo fundamental es demostrarle siempre, independientemente de cómo lo haya hecho, que su esfuerzo ha valido la pena.

> La cooperación y el respeto ayudan a la resolución positiva de los conflictos. Como los problemas que se presentan a estas edades suelen resolverse en grupo o en el rincón de la concordia, los niños empezarán a descubrir que los conflictos largos suelen tener consecuencias negativas para más de una persona. El mensaje más importante que se les puede transmitir en este sentido es que, juntos, los conflictos se resuelven mejor.

Ĝ, ■, ▲, I, ■

13. *Cuando no nos entendemos: El juego del teléfono roto*

El objetivo de esta estrategia es demostrar a los niños que lo mejor es siempre hablar directamente con la persona con la que tenemos el problema y no con terceros, ya que así las cosas se desvirtúan. Esta estrategia resulta muy divertida para los más pequeños. Se trata de que todos se pongan en fila y el docente dice el nombre de un animal al primero al oído, éste al que está a su lado, y así hasta llegar al último, que lo tiene que decir en voz alta. Al último generalmente le llega una palabra diferente o ininteligible. Se enseña a los niños mediante este juego a prestar atención a lo que se les dice y a hablar con claridad para decir lo que uno quiere. También sirve para explicar que lo mejor es dar el mensaje directamente a quien quieras que lo reciba. Es importante repetir este juego cada cierto tiempo y ponerlo como ejemplo cuando ha habido malentendidos.

$\hat{G}$, ▲, **I**, ■

14. *¿Estamos todos?*

Los niños, como los adolescentes, tienen tres necesidades básicas desde el punto de vista emocional. Una es la necesidad de vínculos, que les da un sentido de pertenencia al grupo. Otra, la necesidad de aceptación, que una vez satisfecha da identidad, confirma. Esta aceptación proviene primero de los padres, luego de los iguales, luego de los profesores y otras personas con las que el niño se relaciona. Pero hay una tercera necesidad que debe ser cubierta con el mismo grado de importancia: la necesidad de ser importante para los demás, primero para los padres, luego para los compañeros y los profesores. Ser tenido en cuenta.

Las actividades que se desarrollan para satisfacer esta necesidad son las relacionadas con la colaboración entre compañeros en las tareas que se realizan en la clase, en dar y recibir elogios por parte del grupo y del profesor. El juego llamado «¿Quién falta aquí?» es un buen mecanismo. Para llevarlo a cabo el grupo se sienta en el patio, se escoge a un alumno y se le pide que se ponga de espaldas al grupo. Entonces el docente indica a uno o dos miembros del grupo que se retiren a otro lugar donde no puedan ser vistos. El maestro pedirá al alumno que está de espaldas que se dé la vuelta y adivine quién o quiénes faltan. Una variante del juego es que dos alumnos se cambien de lugar y que el que adivina tenga que saber de quién se trata. El objetivo de estos juegos es reforzar la idea de que todos somos importantes para todos, una premisa clave para la resolución de conflictos.

Ĝ, ▲, ❙, ■, ◉

15. Integrar a los niños tímidos

Algunos autores apuntan que los niños tímidos son los más propensos a convertirse en víctimas de los chicos violentos. La experiencia ha demostrado que esto no siempre es así, ya que las víctimas suelen ser más bien los niños que reaccionan como el acosador espera. No obstante, puesto que los niños tímidos experimentan reacciones corporales que son vividas como algo desagradable, tienen miedo y se sienten inseguros y a disgusto consigo mismos, acaban por evitar las situaciones que los alteran y se retraen. Los profesores deben aplicar algunas estrategias para integrarlos en el grupo, procurando que la intervención no sea demasiado visible para que no la rechacen. No hay que olvidar que la timidez se estimula o disminuye con la educación, así que no podemos dejar que la vida social de un niño dependa de la timidez.

Si el alumno tiene miedo a exponerse a situaciones nuevas, sobre todo si éstas suponen tener que hablar o mostrarse abiertamente ante otras personas, sean o no de su edad, o teme en especial sentirse inferior si se descubren sus defectos o lo que piensa en un momento determinado, preferirá jugar solo. En ese caso se pueden organizar juegos en los que participen sólo dos o tres niños. Incluso puede no querer hablar con nadie, entonces hay que proponerle actividades en las que se vea obligado a compartir alguna cosa, por ejemplo los colores para dibujar con otros en una hoja de tamaño grande.

Los niños tímidos no saben decir «no», ya que tienen pánico a ser criticados (miedo a afirmarse), y por eso son fácilmente manipulados por niños más fuertes dentro del grupo. Buscan pasar inadvertidos (miedo a manifestarse), o se refugian en sus propias fantasías. Suelen tener amigos imaginarios y siempre encuentran una excusa para huir del contacto social (miedo a fracasar). Ayudar a estos niños a superar la timidez para que no se excluyan del grupo puede ser todo un desafío. Algunas de las pautas principales para evitar que el niño se autoexcluya son:

- Si un niño se niega a jugar con otros, se pueden organizar actividades en las que participen los padres, intentando que todos disfruten del juego, sin que los adultos estén pendientes del niño y lo sobreprotejan.
- También el docente puede teatralizar con los alumnos situaciones en lugares que les son familiares.
- Es probable que algunos niños tímidos no acepten practicar actividades competitivas, pero sí las que son más cooperativas.
- Cuando los conflictos aparezcan, se les puede ayudar a resolverlos mostrándoles siempre el lado positivo de las cosas, incluso las de aquellas que para él o ella signifiquen una derrota.

- Si se muestran torpes por la ansiedad, nunca hay que destacar lo que ocurre delante del grupo.
- Un niño tímido a veces hace cosas arriesgadas. Se comporta de un modo totalmente opuesto al habitual. Esta forma de «huir hacia delante»[5] puede hacer incluso que se muestre irrespetuoso o que parezca demasiado atrevido. Hay que aprovechar esos momentos para la inclusión grupal.

$\hat{G}$, ■, ▲, ❙, ■, ☻

16. Transmitir disciplina con asertividad

Existen tres estilos generales de educar en clase: el autoritario, el permisivo y el asertivo. En el primer caso, el docente pone normas estrictas que se espera sean obedecidas. Los niños deben mantenerse en su lugar y no se les permite expresar sus opiniones si no es bajo ciertas normas. Se hace hincapié en la estructura, el control, el orden. En los colegios que funcionan sólo en esta línea los alumnos se sienten tensos, toleran mal la frustración, sienten una gran carga emocional y suelen tener más conflictos con otros niños.

El estilo permisivo busca la aceptación del alumno independientemente de que ello le favorezca o no. El docente no suele fijar límites, no impone exigencias fuertes ni metas claras con el fin de que los niños puedan desarrollarse de acuerdo a su naturaleza. A largo plazo, los profesores permisivos se sienten frustrados y sin aliento, y suelen culpar a los padres de la indisciplina de los niños porque consideran que éstos no asumen su responsabilidad.

¿Cuál es el camino del medio? Sin duda el que llamamos

5. André, Christophe y Légeron, Patrich, *El miedo a los demás. Miedo escénico, timidez, fobia social*, Editorial Mensajero, Bilbao, 1997.

asertivo, el que equilibra los límites poniendo el acento en los puntos siguientes:

- Orientar sin controlar, sin enfadarse, pero dejando claro qué no se admite o qué no gusta.
- Dar explicaciones e implicar a los alumnos para hacerlos responsables.
- Elogiar la competencia y la independencia.
- Motivar a los pequeños para que crezcan con confianza en ellos mismos, independientes, sociales y con un elevado nivel de inteligencia emocional.

Para ello, los docentes que trabajan con niños en edades tempranas deben establecer reglas claras y atenerse a ellas. En P3 se recomienda no fijar más de cuatro o seis reglas en todo el año. En P4, no más de diez; en P5, no más de quince en un año. Cuando se transgrede alguna norma debe haber una consecuencia adecuada y proporcionada. Las consecuencias nunca deberán ser como un castigo; al contrario, si son coercitivas lo único que se logrará será reforzar la conducta negativa. De lo que se trata es de buscar alternativas como jugar al aburrido, pasar un minuto fuera de clase, hacer dos tareas en lugar de una, o bien ordenar la sala o un rincón.

No hay que olvidar que los niños se socializan según lo que vean.

$\hat{G}$, ■, ▲, ▎, ■, ☉

17. Enseñar a los niños generadores y receptores de un conflicto que ellos no son el problema

Lo más importante que se puede hacer por un niño conflictivo, cuando tiene menos de nueve años, es demostrarle que él no es el problema, el problema es algo que ha dicho o hecho, pero no su persona. Eso les ayuda a situarse en un nuevo marco de referencia. Los niños con comportamientos disruptivos suelen estar estigmatizados por algún familiar que les acusa de ser causa de su sufrimiento. Generalmente ese adulto es el más incompetente y el menos comprometido con la educación del hijo, con lo que siempre intentará o bien excluirlo de todo lo relacionado con el bienestar familiar, o bien echar la culpa de la conflictividad del niño a los valores imperantes, a los profesores o a cualquier otra figura de autoridad. Como se trata de niños pequeños, la mejor manera de transmitirles que ellos no son el problema es potenciar las cosas positivas que hacen y devolverles una mejor imagen de sí mimos. Esto, junto con el establecimiento de límites, es lo único que promueve cambios de conducta.

Una estrategia que funciona a estas edades es hacer que pongan un color (si son pequeños) o un nombre al problema, para diferenciarlo de ellos mismos. Cuando tienen diez años o más conviene explicar el problema por escrito, de esta manera la distancia entre éste y el niño no es tan angustiante. Esta estrategia ayuda también a encontrar una solución así como el motivo que generó el conflicto.

Otra cuestión es cuando un niño que está en el punto de mira de algún compañero cree que él es el problema. En estos casos conviene decirle que no todos los chicos de la clase se burlan de él, en realidad sólo son dos de un total de treinta, sólo hay dos niños a los que parece que no les cae bien; al resto, sí. A continuación hay que lograr que esos dos niños aprendan a respetar a las personas con las que no congenian.

Ĝ, ■, ▲, ▮

18. Generar soluciones en grupo[6]

Esta estrategia es una parte importante del proceso de resolución de conflictos. Los niños proponen soluciones ante un problema hipotético para, después, escoger la alternativa más adecuada. De esta forma, planteando casos hipotéticos, se les ayuda a que se preparen para enfrentarse a los conflictos con flexibilidad y creatividad. Este tipo de estrategias no deben limitarse a un tiempo determinado, sino que deben trabajarse permanentemente. Con la práctica, los niños podrán generar más de una alternativa para solucionar sus conflictos, es decir, aprenderán en grupo que los conflictos no tienen una única solución.

Generalmente esta estrategia se empieza en grupos de cuatro años y se continúa durante todo el ciclo de primaria. Primero se utilizan como ejemplos los problemas de personajes animados, como animales. Después de un tiempo se puede pasar a problemas interpersonales apropiados a la edad (miedo a la oscuridad o burlas de los compañeros, a partir de los cinco años). A partir de los seis años se pueden plantear problemas relacionados con las experiencias cotidianas de los niños.

La práctica, además de ayudar a los niños a solucionar los problemas, hará que se sientan más seguros, no sólo en el presente sino también en el futuro, porque ganarán confianza en sí

---

6. Cuentos que ayudan a resolver problemas con la participación del grupo por los valores que transmiten. *Yuyuba*, de Wilsdorf, Anne, Destino. Un libro que muestra cómo el amor supera las diferencias. *Flon Flon y Musina*. Elzbieta, SM. Un libro que habla de la guerra y de dos personajes que viven en zonas enfrentadas. La guerra y su antítesis, el amor. *¡Perdidos!* D. Mcphail, Espasa Calpe. Un oso se pierde; un niño le ayuda, y al revés. *El pez arcoíris*. M. Pfiester. Las aventuras de un pez dejan entrever el respeto, la empatía y la amistad. *El oso valiente y el conejo miedoso*. Hans de Beer. SM. Una historia de ayuda mutua. *Perro y gato*. Ricardo Alcántara. La Galera. Para ayudar a los niños a resolver conflictos.

mismos. A los niños a partir de once años y hasta el final de la adolescencia también se les pedirá, tras un tiempo de entrenamiento, que planifiquen una secuencia lógica de acciones para alcanzar la solución deseada. Es necesario que prevean qué pasos deberían darse para conseguir la opción elegida, lo que les ayudará además a utilizar diferentes estrategias para vencer las dificultades.

Por último, cabe recordar que al tratarse de un aprendizaje en grupo, la estrategia se convierte en fundamental como ensayo de convivencia en los otros grupos con los que se encontrará el niño una vez acabados los estudios primarios.

Ĝ, ■, ▲, I

19. Cómo reaccionar frente a un niño que ha estado o está en el punto de mira de algún compañero

Un error común en las aulas es tratar igual al alumno que molesta que al que es molestado. Es importante no alimentar el papel de víctima del niño que ha estado en el punto de mira de un compañero, no tratarlo de «pobrecito», pero tampoco se le debe hacer sentir culpable o causante de lo que ha ocurrido. El mejor modo de no colocarlo en el lugar de la víctima y no culpabilizarlo es mantener una actitud amable, empática, a su altura, demostrarle que ha hecho bien en buscar ayudas fiables frente a un problema. Hay que intentar que siga disfrutando de sus juegos. También es preciso enseñar en estas etapas a no responder violentamente a la provocación. Un «¿Y qué?» puede ser mucho más útil que cualquier otra reacción.

Si un niño ha sido molestado en presencia de otros compañeros, se enseña a los espectadores a formar entre todos «collares de ayuda» para que el niño molestado se sienta bien. Los collares de ayuda se forman con niños voluntarios que deciden espontáneamente ayudar a otros. El docente da la consigna «Collares de ayuda» y se acercan los que desean participar.

Ese día la tarea en clase puede estar relacionada con los collares de ayuda, por ejemplo haciendo collares de pasta que los niños se llevarán a casa. De esta manera todos sabrán que tendrán ayuda cuando lo necesiten, que el collar de ayuda se formará cuando cualquier niño lo pida. Es una forma de introducir a los niños en lo que luego será el trabajo en red.

Ĝ, ■, ▲, ▌

20. Clarificar áreas de las que ocuparse

Desde pequeños los niños pueden descubrir que es positivo hacer cosas por el bien de todos. Hacer algo por los demás, por los compañeros, por el aula, por la comunidad escolar o por el barrio les ayuda a darse cuenta de que sus actos también tienen un efecto social. A los niños de tres años se les puede preguntar qué creen que podemos mejorar del aula, para que todos colaboren en el cuidado de la clase, de los materiales, de los objetos. Para ello se dividen en áreas de trabajo, por ejemplo, un grupo ordena o clasifica libros, otro decora una pared, otro organiza las hojas y distribuye los colores en cajas. No importa tanto el resultado final como que todos puedan trabajar en algo positivo para el conjunto de la clase. Estas actividades por grupos rotativos les enseñan desde pequeños a compartir, a desarrollar ideas conjuntas, a llegar a acuerdos y a solidificar las relaciones positivas que tengan entre ellos.

Los grupos de niños de cuatro o cinco años pueden llevar a cabo actividades de más envergadura, incluso fuera de la escuela. Por ejemplo en una plaza, enseñar a la gente a tirar la basura en los distintos contenedores de reciclaje de desechos.

Otro grupo puede ir a un supermercado a descubrir qué productos no dañan el planeta.

Ĝ, ■, ▲, ▌

21. *La importancia de ser amables*

La consigna es: «¡Hoy saludamos al mundo como en…!». La cordialidad y la amabilidad son hábitos que se desarrollan y se refuerzan durante todos los años de la etapa preescolar. Muchas veces los niños creen que ser amigos de un compañero de clase les da derecho a tratarlo mal. Basta ver cómo algunos adolescentes se golpean la espalda para saludarse. Para cultivar la cordialidad y el respeto, incluso con quienes no son nuestros amigos, se puede aplicar una divertida estrategia: Consiste en saludar a los niños de otra clase, durante el recreo, como si fuéramos de otros países:

- Saludarse como en China. En China se saluda con una leve inclinación de cabeza o una ligera reverencia. Pero estrechar las manos es una costumbre cada vez más común.
- Saludarse como en Malasia. El saludo en este país es un apretón de manos que se extiende de diez a doce segundos, usando en general ambas manos.
- Saludarse como en una tribu de maoríes (Nueva Zelanda). Esta tribu sigue saludándose con un gesto que parece mostrar proximidad y amistad: se frotan las narices. Los esquimales utilizan el mismo gesto, pero con un significado más personal.
- Saludarse como en algunas tribus tibetanas. El saludo que puede considerarse más extraño y misterioso se practica en las tribus tibetanas, donde parece que las personas se saludan sacándose la lengua el uno al otro.

- Saludarse como en Japón o Corea. En estos países, los padres no sólo dicen: «Con suavidad, sin fuerza», sino que añaden: «E intenta evitar el contacto directo de la mirada». Mirar a los ojos de otro es una señal de intimidación y falta de respeto.

Como en esta técnica los niños tienen que aprender varias fórmulas, se puede practicar una distinta cada quince días. Incluso puede reforzarse y ampliarse en los cursos sucesivos con otros mensajes de convivencia cordial. Los niños de otros países pueden averiguar en sus casas cómo se saluda en su cultura y explicarlo en clase.

Ĝ, ■, ▲, ❙

22. Reconocer que cada uno tiene sus necesidades

Probablemente uno de los mejores cuentos que los niños tienen a su alcance para comprender de un modo indirecto que las necesidades de los demás no son siempre las suyas es *Historia de una gaviota y de un gato que le enseñó a volar*, de Luis Sepúlveda,[7] del que también existe una versión cinematográfica. El argumento trata de un gato gordo, negro y noble que vive en el puerto y debe enseñar a volar a una gaviota. Antes de llegar a la secuencia sobre cómo enseñarle a volar, el profesor pregunta a los niños: «¿Qué necesita *Afortunada*, la gaviota, para ser una gaviota de verdad?», «¿Qué debería hacer el gato *Zorbas* para ayudarla?», «¿Qué hubieras hecho tú?».

Otro cuento interesante, tal vez más idóneo para niños de

7. Sepúlveda, Luis, *Historia de una gaviota y de un gato que le enseñó a volar*, Tusquets, Barcelona, 1999.

seis o siete años, es *Stelaluna*, de Janell Cannon.[8] Cuenta una maravillosa historia: las peripecias por las que pasa un pequeño murciélago que se ha visto obligado a separarse de su madre y cae en un nido de pájaros. Debe adaptarse a las normas de la nueva familia, y lo consigue, pero a costa de dejar de ser un murciélago como los demás. Los pájaros prueban su forma de dormir, ¡y de volar! El relato concluye con la idea de que él y sus nuevos amigos son muy iguales y muy diferentes.

Para entender las necesidades de los otros, los niños deben primero comprender lo que diferencia una conducta buena de una mala y adquirir hábitos de conducta correctos. Es importante desarrollar interés, consideración y un sentido de responsabilidad por el bienestar y los derechos de los demás, expresando este interés mediante actos de atención, benevolencia, amabilidad y caridad.

Los niños deben comprender desde los cuatro años que ellos mismos, como sus compañeros, tienen necesidades propias. Los modelos que se les van dando, primero con los ejemplos de los animales (el gato no puede volar, pero sí la gaviota) y luego con ejemplos de ellos mismos, permiten a los niños descubrir cómo son. Tienen necesidad de jugar con quien desean, de estar solos, de hablar, de ser abrazados, de ser comprendidos... En una sociedad en que desde muchos ámbitos diferentes se les dice a los niños cómo son, es ideal que éstos lo puedan descubrir por ellos mismos, al menos en parte, y que esto les ayude a tener un mejor concepto de su persona.

Ĝ, ■, I, ■, ✿

---

8. *Stelaluna*, de Janell Cannon, Juventud, Barcelona, 1994.

23. *Todos llevamos a cabo un compromiso explícito con distintivos*

Cada tres semanas el docente y los niños se comprometen a hacer algo por el bien de todos, por ejemplo, a que no haya papeles tirados en el suelo de la clase. Previamente cada uno hará su distintivo (todos iguales) empleando técnicas plásticas. En este caso, pueden engacharse a la ropa un dibujo de un cubo de basura lleno de papel de colores troceado y arrugado, o una cinta verde en el brazo con una representación del planeta limpio. Cuando se adquiera un compromiso nuevo —que no haya papeles en el patio o prestar las cosas cuando alguien nos las pide—, se cambiará el distintivo, que servirá de recordatorio durante el tiempo que dure ese compromiso concreto.

En grupos de niños de cuatro años o más, los compromisos deberían hacer hincapié en la resolución de conflictos hablando y dialogando. Con este objetivo, puede usarse el mismo distintivo durante todo un año. Tendremos que crear distintivos duraderos, por ejemplo, las camisetas pintadas con el dibujo de una mano recordarán a los alumnos la necesidad de dialogar. Los niños se pondrán los distintivos cuando tengan que llevar a cabo el compromiso de resolver un problema, sea o no en el rincón de la concordia.

Ĝ, ▲, I, ■

24. *Una nueva versión del juego de la oca*

Se juega con todos los niños, utilizando piezas grandes y en una pizarra magnética. Cada cuatro casillas la oca tiene un conflicto con otro animal. Si lo resuelve mal retrocede dos casillas, si lo resuelve bien avanza cuatro casillas más. En la meta consigue tener nuevos amigos, y lo que ha ido logrando a lo largo del camino la ha de hacer sentirse cada vez más feliz y satisfecha consigo misma. Se usa un dado gigante de goma espuma, que lanzan los niños por turnos. En P3 se juega durante al menos tres semanas. Si se repite el caso, se cambian los conflictos.

El tablero puede tener veinticuatro casillas, de modo que habrá seis conflictos que la oca debe superar. Si lo hace, conseguirá seis amigos. Los conflictos son los siguientes:

- La oca se encuentra en la casilla número 4 con un pollito. El pollito quiere la bufanda de la oca y se la quita. ¿Qué debe hacer la oca?
- En la número 8 se encuentra con una lombriz que la invita a su casa, pero la oca no pasa por la puerta diminuta de la lombriz. ¿Qué pueden hacer?
- En la número 12, con dos hormigas. La oca ha llamado feas a las hormigas. Éstas están enfadadas. ¿Qué puede hacer la oca?
- En la número 16, con una jirafa. La jirafa ha empujado a la oca y ésta se ha caído. ¿Qué puede hacer la oca además de llorar?
- En la número 20, con un burro. El burro grita porque está enfadado. A la oca ya le duele la cabeza de oírlo gritar. ¿Cómo puede lograr que se calle?
- En la casilla 24 todos se unen para decidir adónde ir; sin embargo, no hay acuerdo. La oca quiere que estén todos juntos, pero no sabe qué hacer, porque el pollito quiere ir a tomar un helado, la lombriz quiere hacer una fiesta en su casa, las dos hormigas quieren ir a ver una película a su hormiguero, la jirafa quiere ir a buscar ramas altas de los árboles y el burro quiere ir a caminar por la montaña.

Ĝ, ■, ▲, I, ■

25. Talleres de sensibilización para trabajar con niños problemáticos en horario extraescolar

El objetivo de los talleres de sensibilización es que los niños se sientan satisfechos con ellos mismos. Se pueden iniciar a partir de los cuatro años y prolongarse por lo menos hasta cuarto curso de primaria. Los grupos no deben ser de más de seis niños y en la mayoría de los casos es aconsejable trabajar primero con los que tienen altos niveles de tensión y con los que presenten conductas disruptivas y problemas de relación con sus compañeros. Estos niños suelen tener también problemas en los estudios, de concentración, de integración, además de muy baja autoestima y poca tolerancia a la frustración, entre otras características relacionadas con el bajo rendimiento, la falta de confianza y la seguridad.

Hay diversos talleres de sensibilización y en una misma sesión pueden llevarse a cabo dos de ellos, aunque al principio es aconsejable realizar uno solo cada día. En P3 los talleres duran un máximo de veinte minutos. En general, sirven para que los niños tomen conciencia de dónde están ellos y dónde están los demás, lo que genera un clima de confianza. Algunas propuestas:

- Talleres de relajación. Utilizan la relajación y la respiración como formas previas al trabajo de sensibilización. Así, los niños escuchan una música relajante. Mientras, se les va diciendo: «Cerrad los ojos, pensad en cosas agradables. Pensamos en quién está a nuestro lado. Estiramos los brazos para ver si llegamos a tocar a alguien. Inspiro alegría, amor; expiro enojo, miedo. Pienso en mis pies...».

Así van tomando conciencia de sí mismos. Algunos niños prefieren moverse al compás de la música, lo ideal es dejar que la vivan como deseen.

- Talleres de sonidos. ¿Qué sonidos podemos hacer con los materiales disponibles? ¿Qué sensaciones producen esos sonidos? ¿Qué pasa si los escucho con los ojos cerrados?
- Talleres de aromas. Les hacemos oler aromas diferentes y les preguntamos «¿Se parecen? ¿Cómo nos sentimos con estos aromas?».
- Talleres de colores. Jugamos con pañuelos de gasa de diferentes tonos. ¿Cómo se ve el mundo a través de esos colores? Generalmente se combina esta técnica con técnicas de expresión gráfica. Al final del taller se habla de los propios sentimientos: ¿Cómo se han sentido? ¿De qué color es lo que sienten en este momento? ¿A qué color les gustaría cambiar? ¿Qué sentimiento es ese nuevo color?

$\hat{G}$, ■, ▲, I, ■

2

LA EDUCACIÓN ANTIVIOLENCIA
EN LA ESCUELA PRIMARIA

Un niño difícil y mal socializado puede transformar esta ne-
gatividad cuando el medio le propone un objetivo social.

ALFRED ADLER, *Le tempérament nerveux*

¿Qué hace que el bullying alcance ya gran fuerza en grupos de chicos de siete a nueve años? Sin duda factores sociales, como los relacionados con la poca intervención de los adultos, y factores de crecimiento. A estas edades el grupo adquiere una dimensión amplia en la vida de los niños. La importancia de la opinión de los demás y la necesidad de aprobación son características que definen esta etapa. A estas edades también aparecen los primeros sentimientos de exclusión ante lo diferente que, unidos a una mayor impulsividad respecto a etapas anteriores, comporta que algunos niños se vean inmersos en sentimientos contradictorios y se crean diferentes del resto. Como consecuencia tienen reacciones inesperadas que les impiden congeniar con su grupo, incluso es probable que la más mínima señal de rechazo les haga sentirse solos.

Tampoco hay que olvidar que los cambios físicos, psicológicos y emocionales que experimentan a menudo los hacen sentirse incomprendidos, y cuando eso ocurre no saben describir qué les pasa ni qué desean. No obstante, si consiguen crear redes sociales igualitarias podrán sacar a la luz muchos de sus recursos internos.

En la mayoría de los casos este nuevo marco de su realidad concuerda con el fuerte sentimiento de independencia que experimentan, con la necesidad de una mayor autonomía. Incluso a veces es tan intensa esta necesidad, en especial con relación a sus padres, que les molesta que éstos salgan en su defensa si tienen algún problema, y quieren resolver ellos solos cualquier conflicto con un igual, con lo que fácilmente pueden sentirse frustrados, o bien más frágiles e inestables. No debe extrañarnos, por lo tanto, que entre los siete y los nueve años la mayoría de los niños encuentren irresistible cualquier posibilidad de ponerse a prueba.

La conciencia de haber dejado atrás un mundo seguro los lleva en algunos casos a querer demostrar, no sin cierta soberbia, que todo lo que ocurre en sus vidas es porque ellos así lo han decidido. Y llevan ese voluntarismo a cualquier terreno. Por un lado están interesados en adquirir las habilidades que les permitan sobrevivir; por otro, se esfuerzan para que la opinión que los demás tengan de ellos sea óptima, pues tienen un mayor sentido del ridículo.

Otra característica que cabe destacar de esta etapa es que los niños son más conscientes de las leyes sociales. Esta conciencia convierte a la familia en el lugar menos estimulante para ellos. Ante esta situación, la familia y los profesores deben ayudarlos a superar la tendencia a compararse con los demás y, en paralelo, alimentar el sentimiento de valía personal.

Algunos padres se quejan de que los niños ya no cuentan lo que hacen en el colegio como cuando eran más pequeños. La razón es que los hijos necesitan dejar atrás al niño pequeño que los padres aún quieren ver debido a que la amistad adquiere ahora un papel preponderante. En esta etapa, tanto los niños como las niñas experimentan fuertes sentimientos hacia «el amigo» o «la amiga», con vínculos muy firmes, no «porque sí», como cuando tenían cinco o seis años. Tienen profundos sentimientos de afecto y fidelidad, e incluso llegan a sacrificarse en beneficio del otro. Entre los siete años y medio y los nueve, el modo en que desarrollen sus relaciones definirá los cambios de humor, ya que en función de cómo experimenten la relación con sus padres (como un triunfo, con neutralidad o como una derrota), será cómo se vean a sí mismos.

Para un niño de estas edades sentirse aceptado y valorado por sus amigos es tan importante que cualquier otra cosa puede ser vivida como una derrota personal. De ahí que sea preciso enseñarles no sólo a negociar, compartir y cooperar, sino a vivir los fracasos en las relaciones como aprendizajes positivos.

Como afirma el eminente neurólogo, psiquiatra y psicoanalista Boris Cyrulnik, «en cada franja de edad somos seres totales que viven en mundos diferentes». Quizá por eso no hay nada más fascinante que comprender los cambios que experimentan los niños cada poco tiempo.

Alrededor de los nueve años, tanto las niñas como los niños vuelven a experimentar una etapa de mayor soledad y dudas, a veces con angustia, debido a que se dan cuenta de que existen infinitas posibilidades en el mundo exterior, y que si quieren conseguir algo fuera de la órbita familiar, todo depende del propio esfuerzo. Ésta es una etapa ideal para enseñarles el valor del esfuerzo personal y dejar a un lado la comodidad. Claro que este desafío también provoca tensión e inseguridad, por lo que no les va nada mal reforzar los lazos de amistad con un mayor compromiso de lealtad. Es por eso que hablarles mal de un amigo o hacerles una simple observación sobre éstos les produce la sensación de haber sido ofendidos.

A los diez años les espera un nuevo desafío: vivir entre dos mundos; es decir, entre el anhelo de la infancia y la proximidad de la adolescencia. Este nuevo tránsito de una etapa a otra en ocasiones repercute notablemente en sus relaciones, ya que experimentan nuevas emociones y nuevos cambios físicos y no saben encontrar el término medio, por lo que reaccionan como si fueran más pequeños o mucho más adultos.

Alrededor de los once años en las niñas y de los doce a los trece y medio en los niños, se produce además una importante aceleración del crecimiento, lo que aumenta la inseguridad. Aparece cierta desarmonía corporal (primero crecen las piernas y los brazos, luego el tronco...), generalmente acompañada de movimientos torpes, y no es de extrañar verlos agotados o confusos después de un esfuerzo mental y que tengan más ganas de dormir y descansar que de costumbre. Por otra parte, a esta edad se produce una importante maduración de los órganos reproductores y, desde el punto de vista intelectual, el pensamiento concreto da paso a una mayor capacidad para el pensamiento abstracto, por lo que no es extraño que nos encontremos con un niño de once años que de pronto comienza a comportarse en casa como un sabelotodo.

También entre los nueve y los doce, tanto las chicas como los chicos quieren aparentar que son más mayores y maduros, pero eso no es más que un ensayo. Generalmente se muestran un poco altaneros y a veces llegan a comportarse como si no hubiera normas que cumplir; es parte de su necesidad de cortar los lazos con la familia. Sienten una euforia que les hace saltar al otro lado de la barrera y ponerse en el lugar de los demás; es decir, tratan a sus padres como si fueran débiles y ellos tuvieran que protegerlos. Todo, por supuesto, con aires de superioridad. En este período de crecimiento es importante disponer de patrones claros sobre cómo desenvolverse ante personas de su misma edad y muy diferentes entre sí, lo que les ayudará a saber hasta dónde llegan sus recursos para enfrentarse a las distintas situaciones sociales que les toca vivir. Es así como se dan cuenta de que son sólo una parte de un conjunto social mayor.

El grupo adquiere en esta etapa una gran importancia. El niño aprenderá a ponerse en el lugar del otro cuando estalle un conflicto, a buscar soluciones en vez de generar situaciones de tensión, a ser consecuente y a no juzgar a priori. Hay una mayor conciencia de solidaridad, comunión y apoyo mutuo relacionado con el honor, y la fidelidad determinará no sólo la solidez de la pandilla, sino también la posición que el niño ocupe en ella. El grupo de amigos es el único espacio donde los adultos no tienen ni voz ni voto, donde sus consejos y opiniones no son tenidas en cuenta, y sólo por eso ya es positivo. La confrontación y el diálogo con el otro, con alguien de su edad pero diferente, es el modo que tienen el niño y el preadolescente de descubrir la importancia de la diversidad de opiniones, la cooperación y la ayuda desde una esfera diferente a la de su edad.

Todos estos cambios, no obstante, son los que en ocasiones les impiden conducirse con equilibrio y de manera espontánea, ya que pierden fácilmente la noción de quiénes son. No quieren ser niños, pero tampoco son adultos, por eso a menudo llegan a comportarse de un modo ambivalente. Por último, no hay que olvidar que es en la pubertad cuando los niños intentan hacer «cosas prohibidas». Por eso conviene demostrarles que ser independiente no significa poder hacer lo que se quiere. En algunos casos puede aparecer tendencia al consumo indiscriminado o mayor vulnerabilidad al consumo de drogas como el tabaco o el alcohol. También pueden mostrarse desafiantes, encolerizarse ante la menor contradicción y discutir con los adultos.

En suma, una etapa en que hay muchas conductas para modelar. Como sabemos, la socialización es el proceso mediante el cual los niños aprenden a adaptarse o adecuarse a las normas sociales. Dicho proceso se divide en tres etapas:

- Socialización del niño pequeño en la familia.
- Socialización en la escuela, fundamental para saber desenvolverse en sociedad.

- Socialización de los adultos, cuando las personas desempeñan papeles sociales para los cuales la primera y la segunda socialización pueden no haberles preparado suficientemente.

Es decir, se trata de un proceso por el cual el niño indefenso se va convirtiendo gradualmente en una persona consciente. Existen tantas agencias socializadoras como grupos o contextos sociales donde los individuos pasan parte de sus vidas. Aunque en la sociedad actual las principales agencias de socialización son la familia, los grupos de padres, la escuela y los medios de comunicación.

ESTRATEGIAS PARA LA ETAPA DE EDUCACIÓN PRIMARIA

(En esta etapa se pueden aplicar también todas las estrategias correspondientes a la etapa preescolar adaptables a este ciclo.)

1. ¿Quién soy y cómo me siento?

Si bien es verdad que durante el ciclo de la escuela primaria la mayoría de los niños saben expresar lo que sienten, no es menos cierto que tienen un corpus muy limitado de palabras para expresar las emociones que reconocen. A veces confunden sentir pena con ser compasivos, por ejemplo; o rabia con resentimiento. Una de las estrategias para enseñar a los niños a identificar sus emociones y expresarlas es trabajar con cómics, cuentos o películas a partir de los cuales los alumnos debaten acerca de cómo se sienten los personajes.

Después de jugar con el material seleccionado, llega el momento de plantear las cuestiones «¿Quién soy?» y «¿Qué es lo que siento?».

Al cabo de un tiempo, el trabajo debería centrarse en por qué es importante expresar lo que sentimos, y en qué situaciones. El alumno debe comprender que cuando expresamos lo que sentimos de manera adecuada podemos poner en orden nuestro mundo interno. Hay que pararse, pensar lo que se quiere decir y expresarlo del mejor modo posible.

Es evidente que expresamos los sentimientos sólo cuando deseamos que otra persona entienda por qué necesitamos que cambie de actitud. El profesor puede guiar al alumno con preguntas como «¿Qué deseas que cambie si expresas lo que sientes?».

También se puede ayudar a los niños a que se den cuenta de lo positivo que es reflexionar sobre las cuestiones siguientes: ¿Qué he conseguido con mi respuesta basada en «*Yo pienso, yo creo, yo deseo*»? ¿He conseguido mejorar la comunicación? ¿He logrado de este modo tener mis sentimientos bajo control?

Î, ■, ☺, ◆ ´

2. *¿Qué me quiere decir?*

Los niños conflictivos fácilmente malinterpretan las señales no verbales de sus iguales. A menudo esto se debe a que han recibido demasiados mensajes negativos e inculpatorios por parte de algún adulto. El niño o la niña se ve como una persona incapaz, sin valor, e interpreta cualquier gesto que no comprende como una agresión merecedora de una respuesta violenta. Son niños con vivencias atemorizantes que suelen reaccionar desmesuradamente. Casi siempre interpretan el lenguaje no verbal en términos de agresión y/o violencia.

El trabajo para iniciar a los niños en la lectura correcta de la información no verbal debe hacerse en pequeños grupos, de no más de cinco, y servirse de imágenes, cine mudo, mimo y juegos como el de «Dilo sólo con mímica». Lo ideal es crear un clima de confianza y un compromiso de solidaridad. El profesor puede preguntarles si se han sentido enfurecidos alguna vez y luego explicarles que él también se ha enfadado. Entonces les mostrará cómo se tensan sus músculos cuando ello sucede, y cuáles se tensan más. Los niños imitarán al profesor. Los niños también imitarán la expresión de los sentimientos según lo que ven en el rostro de un dibujo o una foto, que pueden recortar ellos de revistas.

A veces diez sesiones en horario escolar (repartidas en una frecuencia de dos veces por semana) son más que suficientes, aunque puede necesitarse el refuerzo de un terapeuta o del equipo de psicopedagogos del centro durante la etapa de entrenamiento o las horas de comedor o recreo, que es cuando los alumnos sacan a la luz la mayoría de sus impulsos. Al principio los sentimientos que reconocen con mayor facilidad a través de los gestos son el de alegría, ira, preocupación, enfado, tristeza y excitación; posteriormente reconocen otros más complejos. Con este tipo de niños suele funcionar muy bien el padrinazgo (véase la estrategia número 15) de un niño mayor que haya tenido los mismos problemas.

Estos son algunos de los sentimientos y emociones que se pueden trabajar mediante imágenes y expresiones con los niños: rabia, enojo, resentimiento, furia, exasperación, hostilidad, odio, violencia, aflicción, pena, pesimismo, melancolía, desaliento, temor, preocupación, inquietud, susto, terror, felicidad, gozo, satisfacción, euforia, enamoramiento, asco, antipatía, disgusto y repugnancia.

Î, ■, ☼, ◆ ´

3. Estimular las diferentes formas de inteligencia para resolver mejor los conflictos

Durante mucho tiempo se creyó que la única forma de valorar la inteligencia de un niño era midiendo su cociente intelectual. Hasta que en 1993 el doctor Howard Gardner, profesor de psicología y ciencias de la educación en la Universidad de Harvard, propuso la teoría de las inteligencias múltiples. Según esta teoría la inteligencia está localizada en diferentes áreas del cerebro, interconectadas entre sí pero que también pueden trabajar de forma individual, y tiene la propiedad de desarrollarse ampliamente si encuentra un ambiente que ofrezca las condiciones necesarias para ello. También Daniel Goleman, en su libro *El espíritu creativo*, habla de siete formas de inteligencia: logicomatemática, lingüisticoverbal, corporal o kinésica, espacial, musical, interpersonal e intrapersonal y naturalista. La mayoría de los individuos tienen todas esas inteligencias, pero cada una se desarrolla de un modo y a un nivel particular según la interacción del individuo con el entorno. Lo significativo es que las distintas formas de usarlas y combinarlas aumentan la percepción, la intuición, etcétera. Los docentes pueden desarrollar una gran variedad de estrategias didácticas que tengan en cuenta las diferentes posibilidades, ya que además su estimulación ayuda a percibir los conflictos de otro modo.

- Inteligencia logicomatemática. Los niños que la han desarrollado analizan con facilidad planteamientos y problemas. Demuestran soltura para expresar lo que sienten. Se les dan bien las matemáticas, el razonamiento, la lógica y la resolución de problemas. El modo de estimular esta inteligencia es crear pautas y relaciones, clasificar y trabajar con lo abstracto.

- Inteligencia lingüisticoverbal. Los niños que la han desarrollado se sienten cómodos ante la lectura, la escritura, la narración de historias, la memorización de fechas, la realización de puzzles, etcétera. Se estimula leyendo, escuchando palabras, hablando, escribiendo, discutiendo y debatiendo.

- Corporal o kinésica. Es la capacidad de utilizar el propio cuerpo para realizar actividades o resolver problemas. Se estimula con el atletismo, la danza, el arte dramático, los trabajos manuales y la utilización de herramientas.

- Espacial. Es la capacidad de pensar en tres dimensiones. Permite percibir imágenes externas e internas, recrearlas, transformarlas o modificarlas. Se estimula básicamente trabajando con dibujos y colores.

- Musical. Es la capacidad de percibir, discriminar, transformar y expresar las formas musicales. Se estimula trabajando el ritmo, los tonos y el timbre, mediante actividades como cantar, reconocer sonidos, ejecutar y recordar melodías.

- Interpersonal e intrapersonal. Es la capacidad de entender a los demás e interactuar eficazmente con ellos. Incluye la capacidad de interpretar expresiones faciales, la voz, los gestos y las posturas, así como la habilidad para responder. La tienen los niños que disfrutan trabajando en grupo, que son convincentes en sus negociaciones con padres y mayores, que entienden al compañero. Se estimula con el trabajo en grupo, liderando, organizando, comunicando, resolviendo conflictos, compartiendo, comparando, relacionando, entrevistando y cooperando.

    La inteligencia intrapersonal, por su parte, es la que se refiere a entenderse a uno mismo, reconociendo los propios puntos fuertes y debilidades, estableciendo objetivos. Es estimulada con el trabajo y los proyectos en solitario y al ritmo de la persona, y con la reflexión individual.

- Naturalista. Incluye las habilidades de observación, experimentación, reflexión y cuestionamiento del entorno. Se estimula observando y estudiando la naturaleza, haciendo distinciones, explorando los seres vivos.

Î, §, §§

4. *Resolución positiva de conflictos. Del «¿Qué ha pasado?» a pensar en un objetivo*

A partir de los diez u once años los niños ya están preparados para comprender que una resolución positiva de los conflictos incluye no sólo explicar con objetividad qué ha ocurrido y llegar a un acuerdo por un tiempo determinado frente a un testigo, sino que también hay que pensar en cuál es el objetivo que se busca para la resolución. Por ejemplo, si el conflicto es entre dos niños que son amigos, el verdadero objetivo es mantener la amistad, que necesita ser respetada y cuidada. El conocimiento de que hay un objetivo superior en las relaciones les enseña a no quedarse con la visión parcial del conflicto, característica de esta etapa, y la idea de que sólo uno de ellos tiene razón.

Es importante que tanto los docentes como los alumnos estén comprometidos con un proyecto por la no violencia que sea institucional. Es decir, que los docentes no se encuentren solos a la hora de trabajar. Si la institución (centro docente) se preocupa más que los alumnos mismos por los fracasos escolares difícilmente se hallarán espacios para el diálogo que puedan generar una reflexión que se anticipe a este tipo de conflictos.

¿Cómo abordar el conflicto grupal desde la visión de un objetivo superior? Principalmente, invitando al grupo a reflexionar sobre lo sucedido y lanzando propuestas para determinar el objetivo superior al que debemos apuntar. Por ejemplo, si el grupo amenaza a través de mensajes telefónicos o de internet a un alumno, el profesor —mediador— podría preguntar:

- ¿Por qué eligieron el anonimato, por ejemplo, para expresar lo que sucedía?
- Si se trataba de una broma, ¿por qué la broma tomó forma de amenaza?
- ¿Por qué nadie consideró las consecuencias que tal acción podrían ocasionarle al compañero? ¿No hay un objetivo superior que consiste en cuidarnos y no hacer mal a otros?

Lo importante es generar un clima distendido sin perder de vista la base del problema abordado. Todo ello permitirá al grupo analizar la cuestión desde diferentes perspectivas.

Î, §, §§

5. El ejercicio de la negociación

A partir del planteamiento de problemas cotidianos se divide a los niños en grupos con el objetivo de que negocien una salida satisfactoria para todas las partes. Éste es el primer paso para que piensen en el bien de los demás y también en su propio bien si son parte del conflicto.

En primer lugar se forman grupos heterogéneos donde haya buenos negociadores y no tan buenos, lo que ayudará a estos últimos a comprender el proceso de la negociación. A continuación se reparte a cada grupo una hoja de papel con una o dos situaciones conflictivas impresas. Seguidamente se proponen tres posibilidades de negociación y un tiempo determinado de desarrollo para el problema planteado. Cada grupo opta por una, la pone en práctica y, al finalizar, expone sus conclusiones. Cuando se trata de niños de segundo a cuarto curso, lo ideal es trabajar con historietas, cómics o secuencias de dibujos animados. Cuando son mayores, incluso en los primeros años de secundaria, es mejor partir de casos reales que ellos hayan leído o escuchado, o que conozcan mediante recortes de periódico. El objetivo es que después de un tiempo planteen por grupos (que siempre van cambiando) sus propios problemas e imaginen distintas formas de negociación.

Î, ■, ✪, ◆ ´

6. Cómo reunir la información incluyendo opiniones de personas de otras edades, otros épocas y/o condición social

Primero se trabaja con todo el grupo. Se le plantea un problema, un caso real, tomado de una noticia de prensa, por ejemplo. Después se les pide que busquen información para resolverlo. Como material de consulta se ofrecen biografías de personajes históricos que han pasado por sucesos similares; hojas impresas con preguntas para hacer encuestas en el barrio a personas que consideren significativas: el farmacéutico, un médico...; fuentes de investigación como revistas o páginas de internet.

Los alumnos deben exponer la información hallada y las posibles soluciones del problema desde los diferentes puntos de vista recogidos. El profesor actúa como moderador y mediador que busca una salida pacífica. El grupo vota la mejor alternativa y, finalmente, se establecen los pasos a seguir.

A continuación, se lleva a cabo la misma actividad en grupos pequeños. En este caso, cada grupo expone el material obtenido y la actividad se cierra con un debate sobre las diferentes perspectivas que puede haber frente a un mismo problema y cómo éstas varían según el contexto en que son gestadas.

Î, ✪, ◆´

7. *Promover técnicas grupales para el control de las emociones*

Las más importantes técnicas grupales para el control de las emociones están relacionadas con los modelos que los alumnos pueden copiar y con el tipo de relación que mantienen con los adultos que les educan, es decir, padres y profesores. No obstante, se pueden llevar a cabo técnicas complementarias a partir de primaria. Una de ellas es la del semáforo, que sirve para controlar los impulsos. Se trabaja con tres círculos de los colores del semáforo y pegados a una barra que facilita su manipulación. En primer lugar se enseña a los alumnos que cuando sentimos rabia o furia, o cuando algo nos molesta, es importante detenernos a pensar antes de actuar. El círculo rojo simboliza esta parada. El ámbar significa el intento de definir qué es lo mejor que podemos hacer y la búsqueda de soluciones y las consecuencias de cada una de ellas. El color verde indica que ya podemos llevar a la práctica lo que hemos decidido porque es el mejor plan.

Un ejercicio que suele divertir a los chicos es decirles que piensen en la última vez que se enfadaron, que recuerden qué sentían (la profesora levanta el color rojo). Luego se les sugiere que piensen cuál habría sido la mejor manera de resolverlo (color ámbar). Finalmente se les pide que expliquen en qué consistía el problema y que definan la mejor solución (verde).

Otra opción es repartir a cada alumno tres círculos con los colores del semáforo. La profesora les lee una historia y, a medida que surgen conflictos y los personajes actúan, ellos deben levantar el círculo del color que consideren que se adecua a esa secuencia. Por ejemplo, se les puede explicar el cuento de un animal que se pierde camino de su casa y se siente muy triste y solo (color ámbar), en lugar de pedir ayuda se pone a llorar (círculo rojo), hasta que pasa una tortuga y le pide ayuda (verde).

$\hat{G}$, ■, ❂

8. Detectar las atribuciones positivas y negativas dentro del grupo

Las atribuciones son las cualidades con las que se define y actúa un grupo. Esta estrategia ayuda a conseguir algunos indicadores, como saber si alguien es rechazado por un número significativo de compañeros (por ejemplo la tercera parte de ellos), o bien si alguien está aislado, aunque no sea rechazado. Cuando hablamos de aislamiento nos referimos al hecho de que el niño no ha sido elegido en ninguno de los ítems a votación. El niño aislado se caracteriza por ser ignorado por sus compañeros, por pasar desapercibido.

Los recursos que se describen a continuación están pensados para detectar cómo piensa el grupo, qué papeles otorga a cada individuo y cómo los asumen los implicados:

— ¿Quién sería quién? Dependiendo de la edad, primero se cuenta un cuento donde intervengan cinco o seis personajes definidos por su carácter. Lo ideal es que los protagonistas del cuento sean niños de la edad de los alumnos a quien va dirigida la actividad. Un personaje, llamado Juan, es el que siempre está atento; Luis es el que siempre inventa juegos nuevos; Paco, el más divertido; Manuel, el que tiene más memoria; Sofía, la que mejor dibuja; y Verónica, la mejor deportista. Luego los niños juegan a descubrir quién es el Juan de la clase, quiénes serían Luis, Paco, Manuel, Sofía y Verónica. A veces las atribuciones pueden ser otras, por lo que hay que contemplar la posibilidad de agregar personajes al cuento.

Las estrategias posteriores deberían ir destinadas a averiguar qué niños son los más aceptados, cuáles son los rechazados y cuáles son los excluidos. Se pueden usar, por ejemplo, cuestionarios sociométricos para evaluar en poco tiempo y con gran validez las relaciones entre compañeros. Estos procedimientos consisten en realizar preguntas a todos los miembros del grupo. El conjunto de las respuestas permite obtener información tanto sobre el nivel de integración de cada individuo como sobre las atribuciones que el grupo les otorga. De hecho, lo primero que suele salir a la luz es el grado de popularidad (o falta de ella) de un alumno. A estas edades la popularidad está relacionada con ser simpático y tener capacidad para escuchar a los demás. A su vez, la falta de popularidad recaerá en quien se esfuerce por sacar buenas notas. También la facilidad para las relaciones de amistad tiene que ver con factores similares en esta etapa. En el caso de los preadolescentes, tener muchos amigos es más importante que llevarse bien con los profesores, por lo que es casi normal que en sexto curso de primaria los datos que aportan estos tests sean más fidedignos ya que las relaciones perduran más en el tiempo. En general, se realizan doce preguntas directas que los alumnos responden, si lo desean anónimamente, y que deben firmar antes de entregar en un plazo de veinte minutos:

1. ¿Quiénes son los tres chicos o chicas de tu clase con los que más te gusta jugar?
2. ¿Por qué te gusta jugar con ellos?
3. ¿Quiénes son los tres chicos o chicas de tu clase con los que menos te gusta jugar?

4. ¿Por qué no te gusta jugar con ellos?

5. ¿Quiénes son los tres chicos o chicas de tu clase con los que más te gusta trabajar?

6. ¿Por qué te gusta trabajar con ellos?

7. ¿Quiénes son los tres chicos o chicas de tu clase con los que menos te gusta trabajar?

8. ¿Por qué no te gusta trabajar con ellos?

9. ¿Quiénes son los tres chicos o chicas de tu clase con los que más te gusta estar durante el tiempo libre (salir, en los recreos...)?

10. ¿Por qué te gusta estar con ellos?

11. ¿Quiénes son los tres chicos o chicas de tu clase con los que menos te gusta estar durante el tiempo libre (salir, en los recreos...)?

12. ¿Por qué no te gusta estar con ellos?

— Adivina quién es. Éste es un cuestionario para ver si la percepción del grupo es la misma que el profesor ha extraído de los datos conseguidos mediante la técnica anterior.

¿Qué chico o chica de tu clase...
juega con más amigos en el patio?
ayuda siempre que se lo piden?
juega solo o no juega con nadie en el patio?
no deja que los demás escuchen en clase?
no sabe qué responder cuando la profesora le pregunta?
entiende mejor a los demás?
no escucha a los demás?
resuelve todo con agresividad porque no sabe controlarse?
sabe resolver conflictos?
sabe expresarse?
tiene problemas para comunicar lo que desea?

(Las preguntas que siguen sólo se pueden añadir a partir de cuarto curso.)

... oculta su inseguridad tratando de parecer todo lo contrario?

... se siente más importante o mejor que los demás?

$\hat{G}$, ■, ✪, ◆´, ◆˝

9. Los enemigos de la paz

Alguien dijo una vez que no existen conflictos negativos, sino conflictos mal resueltos.

A partir de la proyección de una secuencia de una película en la que se ve cómo se resuelve negativamente un conflicto, se explica a los alumnos que los conflictos bien solucionados ayudan a convivir mejor con las personas que nos rodean, y permiten generar nuevas experiencias positivas. Los alumnos, divididos en dos grupos, deben investigar y exponer qué creen que ayuda a resolver problemas y qué no. Luego se inicia un debate entre los dos grupos. Con la guía del profesor deben llegar a la conclusión de que hay seis enemigos de la paz:

- Huir del conflicto.
- Negar el conflicto.
- Perpetuar los malentendidos.
- Culpar a otros.
- Empeñarse en tener razón.
- Involucrar a otros que no han participado y que no funcionan tampoco como mediadores.

Después de enseñar las ventajas de afrontar conflictos se pacta una premisa grupal que se cumplirá durante una semana.

Por ejemplo, todo el grupo se compromete a no culpar a otros cuando haya un conflicto.

Ĝ, ■, ❂

10. *Todos podemos mediar, pero no siempre*

La mediación por parte de los alumnos es sin duda una gran ayuda para detener a tiempo los conflictos, siempre que éstos no hayan dado pie a ningún tipo de violencia, lo que equivale a decir que los alumnos sólo pueden mediar cuando el conflicto queda en una disputa. La mediación es ayudar a que dos personas lleguen a un acuerdo y establezcan un pacto, que en algunos casos puede ser sólo temporal. Por ello es una forma positiva de orientar la conducción de disputas. No es una alternativa capaz de resolver de forma mágica o milagrosa cualquier situación conflictiva, sino que se trata de un proceso privado, voluntario y confidencial, en el que se tienen en cuenta las partes que sustentan el poder, siendo el mediador un tercero imparcial que intenta ayudar a las partes a resolver el conflicto. El mediador se compromete a no hacer uso de su poder, no tomar decisiones y no imponer resultados a las partes.

Lógicamente, la mediación se lleva a cabo cuando las partes no se han puesto de acuerdo. La experiencia ha demostrado que, en el caso en que el alumno sea el mediador, es mejor que el mediador sea de un curso superior a las partes, para evitar riesgos de acoso a los mediadores dentro del mismo grupo. El hecho de que algunos alumnos conflictivos vean a sus compañeros como mediadores, como personas con más poder que ellos (al menos dentro de su fantasía) puede generar situaciones violentas, que se frenan si el mediador es de mayor edad. Por ejemplo, los alumnos de cuarto, quinto o sexto pueden mediar en los niveles de primero, segundo y tercero. Si es un colegio que tiene secundaria, los alumnos de primero, segundo y tercero de ESO funcionan como mediadores para los de los tres últimos cursos de primaria. Finalmente, los de cuarto de ESO son mediadores para los de los primeros cursos. Los mayores no se quedan desprotegidos, porque ellos ya pueden recurrir directamente al *arbitraje de un profesor*, un árbitro imparcial, independiente, con más poder de decisión. Los profesores y administradores pueden formar una comisión de mediación y arbitraje. En los colegios donde no hay secundaria, los mediadores son los profesores, o se puede pedir ayuda a algún tipo de voluntariado. En algunas provincias de nuestro país los voluntarios de la Cruz Roja están llevando a cabo un importante papel como informadores, y aplican técnicas de mediación que transmiten a los profesores.

Ĝ, §, §§

11. Crear pactos y protocolos de convivencia dentro de un grupo

Los profesores pueden pactar el primer día de clase las normas para el nuevo curso con los alumnos. Habrá normas morales, normas de buen trato, normas de respeto. Las normas incumplidas traerán consecuencias que los alumnos decidirán el mismo día que las dos partes firmen el pacto. Éste es un modelo de decálogo:

- Nadie tiene derecho a burlarse de nadie porque ninguna persona se reduce a una sola cualidad.
- No se acepta ninguna forma de violencia.
- Lo que ocurre durante la entrada y la salida del colegio es tan importante para determinar responsabilidades como lo que sucede dentro de la institución.

- Todo aquello que se le destruya o robe a otro se le deberá reponer.
- Se asumirán responsabilidades también ante los daños morales o físicos.
- Los acuerdos a los que se llegue al resolver un conflicto deberán ser cumplidos por ambas partes.
- Se formarán grupos de trabajo para generar proyectos de convivencia positiva en aquellos cursos donde se considere necesario.
- Ningún alumno se podrá negar a asumir las consecuencias de sus actos negativos.
- Los padres de los alumnos con problemas de conducta deberán acudir al colegio para ser informados de qué trabajos harán sus hijos para la comunidad escolar.
- Se registran ahora todas las consecuencias que se derivarán del incumplimiento de este decálogo.

Otra fórmula no menos interesante y efectiva es crear una «Pizarra de normas». Tener una pizarra de normas enseña a los niños la importancia de parar un momento para pensar detenidamente en su comportamiento. También les lleva a deducir que las normas, cuando no sirven para generar paz, se pueden cambiar.

Los niños discuten cada lunes a qué norma de grupo le van a dar prioridad esa semana. Eso no significa que el resto de las normas de convivencia queden anuladas, pero es importante que los chicos sientan que pueden generar sus propias normas y decidir cuál quieren cumplir. La decisión tomada se anota en la pizarra. Si no hay consenso, la norma más prioritaria será la que resulte más votada. Después se pensará en la consecuencia de no cumplir la norma, que deberá ser siempre una tarea para el bien de la comunidad, como ordenar las sillas durante una semana antes de volver a casa.

La pizarra de normas es un buen método para que los niños aprendan desde pequeños a hacerse cargo de sus conductas y que, cuando las normas no se cumplen, hay consecuencias. Por último, es importante que el profesor lleve un registro de aquellas normas que el grupo aprendió a cumplir con mayor facilidad y de las que no, y hable cada tres meses de ello con los alumnos en un ambiente distendido, mejor fuera del espacio del aula.

Ĝ, §, §§

12. Mejorar la comunicación en el grupo

El tipo de comunicación del grupo es determinante para poder frenar los conflictos. Es evidente que la comunicación no debe ser a gritos ni con insultos. No obstante, hay otro tipo de problemas en la comunicación grupal que conviene trabajar con los niños desde pequeños. Por ejemplo, debemos evitar que sea siempre el mismo alumno el que hable en nombre del grupo sin ser delegado, simplemente porque los demás no se atreven o él tiene más facilidad de palabra; que se anule a otro alumno que está explicando algo; que hablen todos a la vez generando malentendidos; que se dejen llevar por rumores.

Es útil poner en práctica esta estrategia todos los lunes, cuando los alumnos cuentan qué han hecho el fin de semana. Al cabo de unas sesiones, en que el docente detecta y habla de los problemas de comunicación, deberán ser los mismos alumnos quienes se den cuenta de ello con la guía del profesor. Los problemas de comunicación más comunes pueden ser malentendidos, querer imponerse a los demás, obsesionarse con tener siempre razón, etc.

Ĝ, §

13. Padrinazgo

El padrinazgo es la ayuda que un niño mayor presta por un período de tiempo a otro más pequeño en el ámbito escolar. Se trata de un fórmula creativa para que tanto el que actúa de padrino como el apadrinado puedan llevar a cabo un mejor aprendizaje. Por ejemplo, el alumno mayor, que ha tenido problemas para expresarse, le enseña a otro más pequeño a decir lo que siente. El padrinazgo está relacionado con el crecimiento emocional, pero ello no impide que se programen actividades dirigidas también a conseguir la mejoría en los estudios. A veces los colegios plantean el padrinazgo como un sistema de ayuda mutua donde intervienen todos los cursos, de los mayores a los más pequeños. Asimismo, el padrinazgo puede usarse para vigilar la entrada y salida de los colegios, especialmente la de los alumnos de primaria, o bien para hacer rutas grupales, caminos señalados para llegar al colegio, vigiladas por estudiantes mayores.

Ĝ, §, ◆´, ◆˝

14. El amigo invisible rompe el hielo en el grupo

Este juego se utiliza como dinámica para romper el hielo, para que los alumnos se conozcan mejor y como actividad para reforzar la cohesión del grupo.

Los alumnos se sientan preferentemente en círculo, y uno de ellos dice: «Soy Luis y me gusta el chocolate y jugar al baloncesto». Otra alumna dice: «Yo soy Victoria y me gusta comprarme ropa e ir al cine». Así, una vez que todos se han presentado, escriben su nombre en un papel. Se colocan los papeles en una bolsa y luego cada alumno coge uno. Todos los alumnos tienen que escribir una carta al compañero que les ha correspondido, en la que describirán sus gustos. Los que logren acertar las aficiones de sus amigos invisibles serán recompensados con algo especial, y lo mismo recibirán sus amigos epistolares. Pueden ser lápices de regalo, una merienda, etcétera.

Ĝ, §, ◆ ´

15. *Crear grupos de compañeros solidarios*

Los «compañeros solidarios» constituyen un voluntariado dentro de la escuela. Lo forman alumnos de diversos cursos que se reúnen una vez por semana para reflexionar sobre cuestiones que pasan en el mundo y plantearse cómo se puede colaborar desde una pequeña comunidad, como es la escuela. A veces explican en diferentes cursos qué se puede hacer, por ejemplo, recoger alimentos para un país en guerra. Estos grupos, en su mayoría rotativos para que se impliquen el máximo número de niños y adolescentes, tienen además la función de apadrinar en equipo o bien de ayudar a los que están en inferioridad de condiciones dentro de la escuela, teniendo en cuenta una distribución de roles. Por ejemplo, pueden apadrinar a los alumnos de primer año frente a los de cursos superiores, o a chicos que provienen de otros colegios o que son rechazados o aislados.

Los compañeros solidarios son generalmente dos por curso y en ningún caso se ocupan de intervenir o mediar en conflictos, por más que estén entrenados para ello. Su función es de ayudar en todo lo que sea necesario para el bien de la clase o de la comunidad educativa.

Ĝ, §, ◆ ´

16. *Hacer cortos de cine referentes a la convivencia positiva*

Con materiales que los alumnos tengan en sus casas, deben pensar en cómo pueden dar forma a un argumento cinematográfico que consiga transmitir un mensaje relacionado con la convivencia positiva. Este trabajo se realiza en grupo, y tras una sesión introductoria acerca del lenguaje cinematográfico. Se puede tratar como una actividad extraescolar o como una actividad para el grupo en horarios de clase. Aunque parezca sorprendente, se ha comprobado que los niños, a partir de los nueve años, ya son capaces de realizar verdaderas obras de arte con muy poco material. A veces la propuesta final de la actividad es hacer una muestra de cine para todo el colegio, y proyectar todas las obras durante tres días.

Ĝ, §, ◆ ´

17. *Insistir en la enseñanza cooperativa*

La enseñanza basada en la cooperación no implica sólo dividir la clase en grupos y pedirles que trabajen un tema determinado. Implica olvidar que el centro de atención es el profesor o los individuos, para pensar en términos de grupo. La enseñanza cooperativa permite que algunos niños que de otro modo no serían reconocidos obtengan ese reconocimiento, que se rompa el hielo entre los alumnos si no se conocen y que asuman el equipo formado por todos. El profesor enseña por qué es mejor el trabajo en grupo en este sentido y explica cómo cooperar positivamente cuando surge un problema, asimismo tiene la posibilidad de observar la dinámica de los diferentes grupos y ayudar a resolver problemas desde la idea de que todos deben salir beneficiados cuando hay un conflicto.

Da pie a que los chicos con problemas tengan otro tipo de evaluación: la referida al comportamiento en grupo. Las fórmulas más usadas en lo que se refiere al juego cooperativo son:

- Los torneos. Los torneos, del tipo que sean, exigen una preparación previa por parte del grupo. Cada equipo compite con uno o más alumnos que lo representan. La composición de los grupos para los torneos varía en función de los cambios experimentados en el rendimiento.
- Puzzles académicos. Se divide la clase en grupos de cinco o siete alumnos. Cada grupo, de un número idéntico de alumnos, estudia y analiza una parte de una unidad temática. Por ejemplo, si la unidad es el descubrimiento de América y hay cuatro grupos, una parte sería la formada por los hechos anteriores que incidieron en el suceso (los turcos interrumpieron el paso a las Indias en 1452); otro grupo estudiaría la teoría que llevó a Cristóbal Colón a creer que podía llegar a las Indias por un camino diferente; otro trabajaría el descubrimiento en sí y el cuarto, las consecuencias.

  Después se asigna un número a cada miembro del grupo y se forman nuevos grupos juntando todos los alumnos que tengan el mismo número. Seguidamente, cada nuevo grupo deberá elaborar un esquema con causas, hipótesis del personaje principal, sucesos importantes y consecuencias. Se evalúa tanto el trabajo grupal como individual de los estudiantes.
- Grupo de investigación. Se forman grupos de investigación según las preferencias de los propios alumnos. Cada equipo elige un tema relacionado con la realidad de los adolescentes. El profesor anima y asesora la elaboración de un plan que permita desarrollar bien la tarea encomendada, utilizando diversos materiales y fuentes de informa-

ción y discutiéndola con los miembros del equipo, que al final exponen ante la clase el resultado de su trabajo. Tanto el profesor como los alumnos evalúan el producto de cada grupo.

Ĝ, §, ◆´, ◆´´

18. Enseñar a ver el aspecto positivo de los conflictos

Probablemente uno de los desafíos más importantes para los profesores es enseñar a los alumnos de primaria a ver qué hay de positivo en los conflictos que los niños resuelven satisfactoriamente. Esta tarea no acaba al iniciarse el siguiente ciclo de estudios. Este aprendizaje requiere mucha perseverancia por parte del profesorado y, evidentemente, coordinación. Lo ideal para que los alumnos se sientan motivados a buscar lo positivo de los conflictos es trabajar con conflictos que hayan ocurrido en la vida real y que desde la perspectiva actual, si han sido bien resueltos, nos muestren sus consecuencias positivas. También es bueno analizar casos en que hayan sido mal resueltos. Por otra parte, cuando se trate de conflictos entre alumnos que se resuelven positivamente, éstos deben aprender a reconocer que lo que se promueve es un bien no sólo individual, sino social; es importante hacerles comprender este aspecto. Para los alumnos de primaria un conflicto está bien resuelto cuando dos ya no se pelean, pero conviene que miren más allá, que entiendan que generalmente también existen repercusiones sociales que ellos deben aprender a ver.

Para enseñar el aspecto positivo de una buena resolución de conflictos se puede preguntar: «¿Qué nuevas posibilidades se han abierto con esta nueva situación?». En lugar de utilizar el poco recomendable sistema dogmático de centrarse en «lo que debería ser», se trata de enseñar a los niños a ser capaces de apreciar las posibilidades de «lo que es» en realidad.

$\hat{G}$, ■, ✿

19. Utilizar estrategias grupales para trabajar en la resolución pacífica de los conflictos

Otra forma dinámica de ensayar la resolución de conflictos es usar estrategias grupales para indagar en la búsqueda de soluciones. Por ejemplo, se escoge un conflicto mundial y se analiza el modo de resolverlo según diversas estrategias grupales. He aquí algunas de ellas:

— Asambleas. Las asambleas sirven para que los alumnos aprendan a respetar el turno y a exponer sus puntos de vista con serenidad y diciendo exactamente aquello que desean expresar. Una asamblea tiene por objetivo clarificar un tema, debatir, poner puntos en común y llegar a un pacto respecto al tema que se está tratando. En esta etapa lo ideal es que los alumnos aprendan a llegar al consenso; de no lograrse éste, se procederá a votación. Pero las asambleas exigen algo más: la capacidad de persuasión y de argumentación. El profesor que decida organizar una asamblea deberá por ello enseñar primero a argumentar en tres pasos:

   1. Escuchar primero la exposición del otro para extraer de su discurso lo que uno cree que es verdadero.
   2. Hacer visible ante los demás los argumentos que uno cree que no son ciertos.
   3. Presentar la propia hipótesis y una conclusión. Éste es el único modo de que los demás entiendan y acepten las propuestas.

— El foro. Un grupo de alumnos (de tres a cinco) expone su punto de vista sobre un tema determinado ante los demás compañeros. Otro alumno desempeña el papel de coordinador, velando por el orden de participación de los que exponen, marcando el tiempo de cada uno, y organizando el resto de las intervenciones cuando haya puntos de vista diferentes. A él se dirigen quienes piden la palabra.

Un tema de debate puede ser, por ejemplo, qué implica la desigualdad de poder en el aula. Los oyentes también harán preguntas o expondrán su punto de vista. El foro no sólo permite la discusión argumentativa y la participación, sino que su estilo informal da a los alumnos la opción de sentirse libres para exponer lo que sienten y lo que piensan.

— Mesa redonda. Los alumnos eligen el tema que se va a tratar, y se dividen en equipos a los que se provee de bibliografía. Seguidamente se pacta la fecha de la mesa redonda. Cada equipo habrá de exponer el tema mediante un representante. En ocasiones se puede invitar a presenciar la mesa redonda a aquellos cursos que estén interesados en el tema. Cada grupo podrá además preparar carteles informativos para colocarlos en las paredes de la sala donde se desarrollará la mesa redonda. El profesor, o un alumno, explica ante los oyentes el tema que se discutirá y por qué se ha elegido. Seguidamente presenta a los ponentes. Una vez concluida cada intervención llega el turno de las preguntas. El objetivo es el debate y la percepción de que ante un mismo tema puede haber diferentes posiciones.

— Seminario. Un seminario es un trabajo de investigación que implica reuniones y requiere un aprendizaje a partir de un compromiso activo del grupo. Además, como no hay información previa ni bibliografía sobre el tema, la colaboración se torna imprescindible para el trabajo de investigación. Lo ideal es que los grupos estén compuestos por más de cinco alumnos y menos de diez, y que el proyecto dure como mínimo cuatro meses. La supervisión debe correr a cargo del profesor responsable del seminario y la calificación por el trabajo realizado debe ser grupal.

Ĝ, ✿, ◆´, ◆˝

20. Propuestas extraescolares para generar proyectos a medio y largo plazo que aumenten las perspectivas de grupo

Organizar tareas de investigación y trabajos en grupo de cualquier índole que duren más de cuatro meses da a los alumnos la posibilidad de generar perspectivas de grupo a largo plazo. He aquí algunos de los trabajos didácticos que contribuyen a la cohesión grupal y que se presentan como tareas extraescolares dirigidas a edades específicas:

- Actividades de periodismo: buscar noticias y ofrecer información a través de la creación de un periódico.
- Actividades de teatro: asistir a clases de teatro, poner en escena una obra, realizar lecturas dramatizadas…
- Talleres de escritura: crear una novela breve entre todos.

Ĝ, ✿, ◆´, ◆˝

21. Desarrollar valores sociales relacionados con el cuidado del planeta

Los valores colectivos enseñan no sólo el respeto por la vida y los derechos humanos, sino que potencian la sensación de pertenencia a un grupo y la solidaridad comprometida con todo ser vivo. Amar o hacer el bien, son valores que dejan a un lado, al menos por un momento, las enseñanzas de la cultura dominante que busca satisfacer los deseos de inmediato.

He aquí dos ideas para potenciar los valores colectivos:

- Cuidar los árboles y los parques naturales. Nunca debe darse un árbol por perdido. Las actividades que se pueden hacer con los niños en este sentido son: ayudar a transplantar árboles pequeños, contar los árboles que hay en el barrio, cuidar las hojas que caen en otoño en los parques porque son refugio de muchos insectos. También se pueden usar las hojas como abono, cosa que ya hacen en algunos colegios.
- Cuidar la contaminación residual. No es suficiente denunciar que se arrojan residuos al mar. Así como no permitimos que se ensucie el mar, tampoco debemos permitir la contaminación en la ciudad, de manera que evitaremos arrojar basura al suelo o manchar las paredes. Algunas posibles actividades son que los alumnos escriban cartas para reclamar más papeleras, dejen de tomar bebidas y comidas en lata al menos por una semana, u organicen sorteos ecológicos de frutas y otros productos.

Lo ideal es proponer alguno de estos temas y que sean los propios alumnos los que escojan las estrategias y decidan el modo de llevarlas a cabo.

Ĝ, ☢, ◆´, ◆˝

3

LA EDUCACIÓN ANTIVIOLENCIA EN LA ESO

El mundo es la interrelación que establecemos o intentamos establecer unos con otros.

JUDU KRISHNA MURTI, *Vivir de instante en instante*

De los trece a los dieciséis años los chicos y las chicas viven una especie de segunda infancia. Se sienten invulnerables, les agrada el riesgo, no saben qué quieren, pasan superficialmente por las experiencias, piensan sólo en el presente y dan mucha importancia a las relaciones con sus iguales.

La principal tarea a la que los chicos se enfrentan en esta etapa es, no obstante, la de definirse a sí mismos, es decir, la de descubrir cuáles son sus habilidades, sus sueños, sus intereses y creencias, y especialmente, descubrir qué papel tienen en la sociedad. Por esta razón, para ellos es prioritario explorar y vivir el día a día, o vivir como si estuvieran en «otro mundo», teniendo en cuenta que no siempre ese estado equivale al de la indiferencia, como entienden algunos adultos. Al contrario, en realidad son absolutamente solidarios, entusiastas de las «grandes causas», capaces de identificar situaciones que amenazan su bienestar o el de sus padres, y de desarrollar acciones de cuidado personal y dirigido a otros.

Las conductas regresivas e infantiles tan típicas de esta

etapa son a menudo una expresión de nostalgia por un tiempo en que eran felices, la infancia, y que generalmente añoran cuando se sienten confundidos y cansados por la «gran tarea» que les espera en la sociedad.

No hay que olvidar que otra de las características de esta etapa es que la mayoría de los adolescentes se juzgan a sí mismos a la luz de cómo son percibidos por los otros, y se comparan con ellos. Esos juicios pueden ser conscientes o inconscientes, con inevitables connotaciones afectivas, y dar lugar a una valoración personal pobre. Por ello es importante que se sientan vinculados a actividades colectivas que suplan su necesidad de encontrar identidad y reconocimiento social.

Cuando se trabaja con adolescentes, deben tenerse especialmente en cuenta la rebeldía, la disconformidad y el espíritu crítico. De hecho, algunos grupos se caracterizan por un tipo de rebeldía más regresiva y pasiva, de protesta silenciosa, mientras que otros pueden elegir un modo de comportamiento violento o ser más trasgresores y sublevarse contra las normas. A veces la rebeldía provoca fugas del hogar, en especial si hay una pandilla detrás que lo incita, por lo que pocas veces (casi nunca) un acto así responde a una decisión madurada.

LA RELACIÓN CON EL GRUPO

El grupo y los amigos adquieren gran importancia en la medida en que se distancian de los «mandatos» de la familia. Mientras se emancipan, los adolescentes necesitan sentir que crece el espacio en que se mueven. Para muchas actividades dependen de las amistades y del grupo al que pertenecen, y por ello utilizan símbolos diferenciadores, como un tipo de ropa determinada, un estilo, un lenguaje… Es por esto por lo que los conflictos con los padres repercuten tan negativamente cuando se producen. Las preguntas «¿Quién soy? ¿Qué voy a ser con respecto a los demás y a mí mismo?» tratan de responderse primero en el grupo de iguales. A los doce o trece años es probable que el grupo esté formado sólo por chicas o chicos, más tarde las pandillas de uno y otro sexo se fusionan y, al final, se acaban consolidando las relaciones de pareja.

Los chicos y chicas que no tienen aptitudes para estar en un grupo suelen tener serios problemas de exclusión al cabo de poco tiempo. Su inclusión dependerá de sí mismos, pero también de la comprensión de sus compañeros, de su capacidad de simpatía y empatía, y del potencial de compasión de quienes aparecen siempre como testigos. Por ello, ser tímido, si se dan estos factores, no es un obstáculo. Los adolescentes tienen muy en cuenta que se valoren las normas del grupo.

LA RELACIÓN CON EL ADULTO

En general, si los adolescentes perciben un gran apoyo por parte de sus padres, no se alejan demasiado ni se van de casa. Eso significa que no para todas las cuestiones relacionadas con los intereses propios de la edad buscan el apoyo de sus amigos. En algunos casos los padres pueden seguir incidiendo en la vida de sus hijos, por ejemplo, en las elecciones relacionadas con los estudios, con posibles trabajos futuros, con cuestiones económicas, etcétera, mientras que en el grupo de iguales encuentran respuestas a otros temas más personales, como el sexo, las diversiones, la forma de vestir... Los profesores, por su parte, no suelen entrar en ninguna categoría positiva, excepto que sean un modelo o ejerzan de líderes en algún aspecto, o que destaquen por su coherencia y comprensión hacia la realidad de los chicos.

La adolescencia implica experimentar duelos: duelo por la imagen de los padres adquirida en la infancia, duelo por el lugar perdido en la familia y, uno de los más importantes, duelo por la pérdida del cuerpo infantil. La sexualidad recobra en esta etapa un valor fundamental, debido a los rápidos cambios corporales. En esta etapa deberán aprender que las actividades sexuales y reproductivas se encuentran reguladas a partir de una ética personal y social, que hay factores psicológicos y emocionales en juego, y que hay enfermedades de riesgo. Esta nueva visión y los cambios que experimentan, obligan a los adolescentes a recomponer la imagen del propio cuerpo, por lo que la preocupación por el físico pasa a primer plano.

ESTRATEGIAS PARA LOS CURSOS DE ESO

(En esta etapa se pueden aplicar también todas las estrategias correspondientes a la etapa anterior adaptables a este ciclo.)

1. Sentirse a gusto consigo mismo

Los estudiantes con una autoestima baja suelen atribuir sus éxitos a factores externos e incontrolables (por ejemplo, el azar, un examen fácil, un error del profesor), mientras que los alumnos con una autoestima alta suelen atribuir sus éxitos a factores internos y estables, como el esfuerzo, la facilidad para comprender o memorizar, o a nada en especial. Tanto los niños como los adolescentes, cuando tienen un elevado concepto de sí mismos, no sólo obtienen buenos resultados en lo que se refiere al aprendizaje, sino que logran relacionarse de forma satisfactoria con sus compañeros porque consiguen responder asertivamente con muy poco entrenamiento.

Si se entiende el autoconcepto como la imagen que cada persona tiene de sí misma, no es de extrañar que en él se incluyan las ideas que esa persona cree que los demás tienen de ella. Por eso las relaciones en la adolescencia, junto con la opinión de los demás, determinan en gran medida el comportamiento. El autoconcepto se convierte así en la guía interna que lleva al chico o a la chica a actuar de un modo u otro.

No hay que olvidar que tanto el autoconcepto como la autoestima se refieren a los juicios y a las actitudes que las personas adoptan respecto a sí mismas. El autoconcepto engloba todo lo que la persona cree que es y las habilidades y capacidades que posee, favoreciendo el sentido de la propia identidad. Con el autoconcepto el individuo crea un marco de referencia desde el cual interpreta la realidad externa, la interna y las propias experiencias, lo que influye en el rendimiento y condiciona las expectativas, la motivación, la salud y el equilibrio psíquico. Por su parte, la autoestima es la puntuación que la persona da a sus capacidades y habilidades. Por ejemplo, un alumno puede tener un nivel óptimo de destreza física y sin embargo creer lo contrario porque se compara con un ideal muy elevado, o bien porque de algún modo se siente presionado para ser mejor de lo que es.

Es evidente que tanto el autoconcepto como la autoestima no se construyen de la nada, sino que se conforman a partir de un conjunto de factores en los que intervienen la familia, los profesores, los compañeros, los amigos, la cultura a la que se pertenece, las expectativas sociales, el perfil psicológico de la persona, las propias experiencias y esperanzas o el grado de satisfacción o insatisfacción. Por esa razón el autoconcepto y la autoestima son la actitud con que la persona se mira, el modo de reconocer las expectativas que ha ido cumpliendo, su nivel de tolerancia a la frustración, cómo ha comprendido determinadas vivencias e, incluso, cómo desea ser en el futuro. Y, por supuesto, mediante la autoestima se regula la conducta, a través de la autoevaluación o la autoconciencia.

Los adolescentes que presentan un problema de socialización difícilmente se percatan de ello a través de la reflexión, sobre todo en situaciones de estrés. Incluso puede ser que apliquen modelos coercitivos sin tener conciencia de ello.

Por ello, cuando un alumno se siente bien consigo mismo (y tiene un alto nivel de autoestima) no sólo es capaz de anticiparse a una conducta, sino que también está dando prioridad a determinadas creencias y valoraciones, dejando a un lado otras tal vez menos eficaces. Probablemente será capaz de descubrir aquellas capacidades que promueven una imagen más positiva de sí mismo. Es decir, generará para sí mismo expectativas de éxito que repercutirán sobre su motivación y rendimiento, tanto académico como social.

Las capacidades reales, ligadas a las creencias personales, definirán su conducta y su rendimiento, ya que la capacidad creída o percibida tiene más poder que la capacidad real. Como también hay una notable diferencia entre poseer una capacidad y saber utilizarla en situaciones diversas.

Las estrategias con mejores resultados para potenciar las cualidades positivas y tener una autoestima elevada son:

- Ayudar a otros. Se trata de hacer una lista con las cualidades que cada uno cree tener para ayudar a otras personas. Estas cualidades pueden ser intelectuales, afectivas, volitivas o físicas. A partir de aquí, se pueden formar grupos de personas con cualidades similares y llevar a cabo tareas con objetivos a corto y medio plazo.

- ¿Quién quiero ser? Se trata de una actividad breve en que los alumnos escriben en una ficha quién quieren ser en la sociedad y por qué. Después deberán escribir qué cualidades creen tener para lograrlo. En una segunda sesión anotan los pasos que, según ellos, tendrían que seguir para lograrlo. Existen algunas experiencias donde los chicos forman una pequeña empresa en la que con muy poco capital (dos euros por alumno) manufacturan piezas de cerámica que luego venden para comprar más material.

- Un regalo para ti. Cada semana los alumnos escriben en un trozo de papel un propósito que estén dispuestos a cumplir. Se colocan todos los papeles en una bolsa de plástico y cada alumno saca uno. Todo el mundo intentará llevar a la práctica el propósito que le ha tocado, como un compromiso conjunto. Una variante es hacer que todos los días un alumno diferente escriba su propósito en la parte superior de la pizarra. Por ejemplo: «Realizaré mis tareas con responsabilidad y cuidaré a mis amigos».

Î, ◆´, ◆´´, ◆´´´

2. El impacto de la motivación

Así como una alta autoestima sirve de motor de la motivación, ésta también ayuda a potenciar la autoestima. A veces, compartir experiencias fuera del ámbito escolar y descubrir nuevas habilidades, como la pintura o la danza, ayuda a generar expectativas que impulsan a los alumnos a aprender un determinado arte o destreza. También ver una película y trabajar valores por imitación para el bien de la comunidad escolar da excelentes resultados. Los alumnos no sólo imitan la violencia, también los buenos modelos. El problema es que no siempre les son tan próximos. Cabe recordar que la literatura es una fuente extraordinaria de modelos a imitar.

Î, ◆´, ◆´´, ◆´´´

3. Encontrar el lado más valioso para los demás en cada uno

Tal vez sorprenda a los docentes que una de las estrategias sea ayudar a los alumnos a que se perciban como personas valiosas para sus compañeros. La razón es que en la adolescencia muchos jóvenes suelen tener un fuerte sentimiento de inferioridad, debido a que se comparan con modelos sociales, unas veces, y con compañeros que ejercen un destacado liderazgo en el grupo, otras. En cualquier caso, existe una desvalorización importante en la adolescencia que se traslada a las relaciones con los padres. A algunos jóvenes les cuesta actuar en presencia de sus compañeros, porque se encuentran molestos al sentirse observados, o porque creen que todo el mundo va a saber qué piensan, pues tienen la sensación de ser transparentes frente a los demás. ¡Como si todo el mundo pudiera ver qué sienten o qué piensan en un momento determinado!

El hecho de sentirse en inferioridad de condiciones, observados en todos sus movimientos, es además una forma de pensamiento absoluto que los lleva a experimentar un gran sufrimiento interior, que sólo disminuirá si se les demuestra que son aceptados.

La mayoría de los adolescentes son muy sensibles a los defectos físicos, y a veces la idea de que son monstruosos se evapora en cuanto se dan cuenta de que son valiosos. Divulgar públicamente una mala acción, compararlos con otras personas o castigarlos de forma que se hiera su amor propio puede fomentar en alto grado el sentimiento de inferioridad. Lo contrario, como exaltar las buenas obras, promueve sentimientos positivos.

A veces se trata de que estos alumnos puedan demostrar otras habilidades, como su capacidad para escuchar a otros, respetar opiniones o pensar positivamente. Para ello es bueno tener en cuenta sus necesidades y promover que se desenvuelvan en diferentes ámbitos con diferentes grupos. En las primeras etapas del tercer ciclo el profesor puede estimular a los alumnos para que todos mantengan un estatus similar dentro de los grupos. A veces los chicos que se sienten en inferioridad de condiciones logran dicho estatus por el nivel de empatía y compasión hacia las normas grupales, por lo que sería interesante dirigir las actividades en ese sentido.

Alguno de los temas que propician la implicación están relacionados con compromisos sociales más amplios (véase la estrategia 21 del capítulo anterior). Otras posibilidades son estudiar las especies en extinción, o sensibilizarse ante culturas más desfavorecidas económicamente.

En otros casos, se trata de llevar a cabo técnicas grupales donde cada alumno escribe una cosa que le agrada del compañero de al lado, o bien dividir a los alumnos en grupos y trabajar por un proyecto de ayuda común, por ejemplo, intentar solucionar un problema de un miembro del grupo, o de alguien externo al centro escolar.

Î, ◆́, ◆́

4. Respeto a la diversidad

Diversos estudios sobre la violencia reflejan que la idea que una sociedad tiene de sus posibles víctimas desempeña un papel decisivo en la elección que los jóvenes violentos hacen de sus víctimas: por ejemplo, las representaciones que tienen que ver con la diferencia étnica, el país de origen, el estatus social determina el grado de aceptación, porque se transmiten como normas naturales. En una sociedad y no es raro que los alumnos se comporten como si esas leyes de convivencia fueran ciertas. Nunca hay motivos para convertir en víctima a alguien sólo por ser diferente, y esto es algo que los alumnos deben comprender. La intolerancia, raíz de la victimización, también debe encontrar una «tolerancia cero». Para trabajar en esta línea, podemos utilizar las estrategias siguientes:

— El debate. Los debates sobre temas puntuales permiten al alumno expresarse y tener en cuenta otros puntos de vista. Los objetivos de los debates para fomentar el respeto por la diversidad son:

1. Desarrollar la capacidad de comprensión de las diferencias sociales.
2. Promover la igualdad de estatus. Los estudiantes pertenecientes a minorías étnicas en desventaja pueden encontrar un marco igualitario en las aulas multiculturales.
3. Favorecer cambios cognitivos, afectivos y conductuales, ayudando a incorporar nuevas percepciones frente a la diversidad.
4. Desarrollar habilidades para identificar y rechazar los estereotipos racistas xenófobos, que contribuyen a la violencia, y para generar esquemas alternativos.

Por ejemplo, en un debate sobre los prejuicios, las preguntas clave que se deberán responder son:

• ¿Por qué los prejuicios sirven para legitimar el rechazo a las diferencias naturales?
• ¿Qué situaciones históricas reflejan que someter a las personas a situaciones de esclavitud y explotación es una injusticia?
• ¿Por qué la intolerancia siempre se refiere a grupos étnicos minoritarios, que están en una evidente desventaja social, económica o cultural?
• ¿Por qué el aula es un lugar que da la oportunidad de establecer relaciones de amistad?

— El trabajo de investigación. Las formas de vida y costumbres en países lejanos en el tiempo y el espacio son un buen tema para estudiar la diversidad social y cultural con un espíritu abierto, respetuoso y tolerante, reconociendo la riqueza de lo diverso como un elemento positivo que nos plantea el reto permanente de superación personal y social para conseguir una convivencia en armonía.

A partir de estas premisas, se pueden sugerir varias actividades que sirvan de motivación. Por ejemplo, organizar un festival literario de la diversidad, con autores, biografías, etcétera; hacer una muestra de comidas y/o indumentaria de diferentes culturas; organizar un concierto de música étnica; crear espacios en el propio centro para que una vez por semana se realice por cursos una actividad relacionada con la diversidad.

Î, ◆´

5. Elaborar los sentimientos de autoexclusión

Generalmente los alumnos que excluyen a otros lo hacen porque interpretan que la conducta de esos otros es peligrosa o diferente. Los que se autoexcluyen, porque no quieren ser dañados. Por ejemplo, algunos alumnos de ciertas regiones de nuestro país interpretan las conductas de los compañeros provenientes de otros países como hostiles, mientras que éstos se sienten permanentemente agredidos y no quieren ser integrados porque se sienten rechazados.

Las propuestas deberán ir, por lo tanto, encaminadas a:

• Hablar de la identidad étnica sin negar las diferencias.
• Potenciar los espacios para el desarrollo de fiestas y eventos culturales de otros países.

- Buscar actividades que generen encuentros tanto dentro como fuera del contexto escolar para conseguir una interacción intergrupal positiva.
- Potenciar contextos heterogéneos y conceder dentro del grupo igualdad de estatus a todos. De esta manera se permite establecer relaciones de amistad con miembros de otros grupos.
- Generar nuevos espacios para el deporte, dentro y fuera del contexto escolar.

Existen proyectos en marcha en los cuales los profesores organizan equipos, por ejemplo de voleibol, con alumnos de doce a dieciséis años, que practican dentro del marco escolar, pero que también tienen la opción de entrenar los sábados fuera de la escuela, por ejemplo, en un club, agrupando jóvenes de diferentes etnias.

Ĝ, ◆´, ◆´´

6. De la empatía a la compasión activa. De la compasión activa a los hechos

En las primeras etapas de secundaria, incluso durante la primaria, uno de los objetivos principales para prevenir la violencia consiste en que los niños aprendan a desarrollar la empatía, es decir, saber ponerse en el lugar del otro para entender qué siente y cómo se siente. La compasión activa es dar un paso más: implica hacer algo por la persona que lo necesita, posicionarse.

Este aprendizaje sirve tanto para las aulas multiculturales como en los casos donde hay situaciones de violencia dentro del grupo. En las aulas multiculturales es necesario promover actividades que difícilmente se dan de forma espontánea. Se trata de generar experiencias en las que los miembros de los distintos grupos alcancen un estatus similar y cooperen en la consecución de objetivos compartidos. Por ejemplo, ayudar en grupos a una etnia determinada para que los niños pequeños tengan juguetes para las fiestas, recoger alimentos o ropa usada en colaboración con alguna ONG o comprometerse con la solidaridad internacional promoviendo intercambios con otras culturas. Una forma efectiva de incluir estas actividades en el currículum es trabajar el compromiso en temas relacionados con los derechos de la mujer, la infancia o los ancianos. También los ayuda a comprometerse en la solidaridad internacional, promoviendo intercambios con otras culturas.

Cuando hay casos de violencia en el grupo, enseñar a posicionarse en defensa de la víctima implica no dejar que ésta siga siendo lastimada, y eso puede hacerse apoyándola en grupo, acompañándola al colegio por las mañanas y hasta su casa al salir, o protegiéndola en los cambios de clase, ya que éstos son los principales momentos en que es acosada.

$\hat{G}$, ◆´, ◆´´, ◆´´´

7. Años temáticos

Los años temáticos tienen por objetivo que todo el centro aporte ideas para trabajar el tema elegido. Por ejemplo, si el tema del año es «Elegimos la paz», desde el primer día de clase se explica a los alumnos por qué preferimos una convivencia basada en la paz. En primer lugar se les explica que la paz proporciona a todos los alumnos las mismas oportunidades. Las desigualdades no sólo desequilibran el grupo, sino que provocan respuestas apresuradas y violentas, porque la violencia es el resultado de la desigualdad de poder.

Para este ciclo anual se proyectan vídeos y se buscan recortes de prensa relacionados con temas sobre la paz que se logra y la que no se logra. Por ejemplo, uno de los vídeos puede referirse a la calma tensa que sigue a una guerra, aclarando que esa situación no es de paz. Al menos no en el sentido de igualdad, por lo que se puede hablar de «paz forzada», impuesta por los vencedores, con lo que después de varios años la guerra vuelve a estallar, como ha ocurrido en los Balcanes.

En el último trimestre se llega a la «etapa de conclusiones». Una de las conclusiones puede ser que la paz verdadera sólo existe cuando nadie gana ni nadie pierde, cuando no hay vencedores ni vencidos, y que sólo se logra llegando a pactos y a acuerdos. Es positivo reconocer y afrontar las situaciones de conflicto desde la reflexión serena de sus causas, tomando decisiones negociadas para solucionarlas de una forma creativa, tolerante y no violentas. Otras conclusiones pueden ser:

- Todos podemos participar en actividades de autoafirmación, desarrollo y solidaridad con otros pueblos y culturas, colaborando con organismos institucionales y otras organizaciones sociales que potencien relaciones de diálogo, ayuda, paz, armonía y denuncia de situaciones injustas.
- Es importante conocer y potenciar los derechos humanos, favoreciendo una actitud crítica, solidaria y comprometida frente a situaciones en que se atenta contra ellos y facilitando situaciones cotidianas que permitan tomar conciencia de estos derechos.
- Entre todos podemos valorar y llevar a cabo una convivencia pacífica con los otros y entre los pueblos como un bien común de la humanidad que favorece el progreso, el bienestar, el entendimiento y la comprensión, rechazando el uso de la fuerza, la violencia o la imposición frente al débil y apreciando los mecanismos de diálogo, acuerdo y negociación en igualdad y libertad.

En el año temático de la paz se puede informar a los alumnos sobre el bullying, cómo se gesta, cómo se para, pero también sobre los siguientes aspectos:

- ¿Por qué la diferencia de poder genera abuso?
- ¿Qué es el abuso?
- ¿Cómo se produce el abuso?
- ¿Cómo puede manifestarse el abuso en las relaciones entre iguales en la escuela?
- ¿Cómo daña el abuso a la víctima?
- ¿Cómo daña el abuso al abusador?
- ¿Hay testigos?, ¿cuál es su papel?
- ¿Habéis observado alguna vez que en lugar de culpabilizar al agresor se culpe a la víctima?

Ĝ, ◆´, ◆´´, ◆´´´

8. Trabajar la autocrítica

La televisión, el cine o los videojuegos muestran a los alumnos que la violencia es un modo de relación aceptable, a veces incluso necesaria, y que hay discursos que la sostienen. Lo cierto es que no sólo los jóvenes, sino la sociedad en su conjunto recibe gran cantidad de información donde la agresividad y la violencia son algo habitual. Lo violento tiene así un doble mensaje: por un lado, se muestra como si perteneciese a una minoría mientras que, por otro, se muestra la violencia como un tipo de conducta a veces necesaria. El aprendizaje del razonamiento autocrítico tiene por objetivo lograr discernir las situaciones violentas y las causas que las generan, para lo cual se proponen los siguientes pasos:

— Trabajo en grupos reducidos sobre la pregunta: ¿Qué tipos de violencia está invisibilizando permanentemente la sociedad? Esta pregunta sirve, además de para dar el primer paso hacia el desarrollo de la autocrítica, para enseñar a pensar en situaciones de conjunto. Los temas que se pueden tratar en este sentido son: la violencia que ejercen los conductores, la violencia que se vende como «instinto de supervivencia» en películas o videojuegos, la violencia de género en la publicidad, la de índole ideológica, la diferencia entre la violencia psicológica y la violencia social o moral.

— Debate. Para celebrar el debate se divide a la clase en dos grupos. Ambos responderán primero a dos preguntas y luego expondrán sus puntos en común y sus divergencias. El resto del grupo puede inquirir otras cuestiones. Las dos preguntas son las siguientes:

1. ¿Cómo se ha ejercido la violencia contra otros a lo largo de la historia?
2. ¿Qué personajes de la historia han usado su agresividad positivamente?

— Cómo funciona el pensamiento cuando se apuesta por la violencia. Se explica a los alumnos qué ocurre cuando se opta por la violencia, y a continuación se explican las distorsiones de percepción más frecuentes y los procesos cognitivos que aparecen en relación con la violencia:

1. Exageración de una parte de la realidad, con lo cual aumenta la tendencia a excluir una parte de una experiencia, centrándose en un detalle de la situación, que se distorsiona y se magnifica.
2. Tendencia a percibir la realidad en términos de blanco o negro; todo o nada, sin matices.
3. Tendencia a la sobregeneralización, es decir, se ob-

serva una situación y se traduce en términos absolutos: *todos, nadie, siempre, nunca.*

4. Fatalismo, que trae como consecuencia una sensación de indefensión y, por lo tanto, la excusa perfecta para un nuevo ataque.
5. Confusión de pensamientos y emociones como parte de la realidad.
6. Interpretación exagerada e intencionada de la conducta de los demás.

— Enseñar a detectar pensamientos distorsionados en relación con la violencia a través de la literatura con preguntas guía. Los personajes de las grandes obras literarias son tan verosímiles que pueden ser tratados como si fueran reales, al menos para que el grupo aprenda a reflexionar sobre diversos temas. Por ejemplo, se pueden plantear las siguientes preguntas a raíz de la lectura de *El extranjero*, de Albert Camus:

1. El protagonista, ¿es un personaje violento? ¿Por qué?
2. ¿Qué percepción tiene el personaje central de la realidad?
3. ¿Percibe las experiencias en términos de todo o nada?
4. ¿Se responsabiliza de sus actos o echa balones fuera?

— Autocrítica y autorreflexión. Los alumnos reconocen en qué situaciones pudieron tener pensamientos distorsionados. El profesor explica cuáles son las distintas alternativas para superarlos.

1. Ver el aspecto relativo de los acontecimientos. Por ejemplo, decir *algunos, en algunos casos.*
2. Relajarse. La relajación ayuda a pensar con claridad. Cada persona tiene que encontrar su forma de hacer-

lo, aunque la más usada es la de mantenerse en un lugar apartado respirando con tranquilidad.

3. Escribir una carta. Esta técnica sirve para clarificar los sentimientos que se tienen respecto de un hecho. Primero se cuenta objetivamente qué ocurrió y después se hace una lista encabezada por la pregunta «¿Cómo me siento?», lo cual sirve para salir de la dualidad «ellos son los malos, nosotros los buenos» y, por supuesto, para identificar los distintos tipos de distorsiones que se producen en el diálogo interno que provoca el estrés y en el que le sigue: visión de túnel, absolutismo, fatalismo, confusión de las emociones con la realidad.

4. Para superar la tendencia a los extremos se pueden activar razonamientos alternativos, como entender los acontecimientos en función de coincidencias, donde tal vez hubo intenciones positivas.

5. Explicar la diferencia entre violencia y agresividad haciendo hincapié en que la agresividad no es un componente negativo del ser humano, sino que es positiva si se pone al servicio de la superación personal y de actividades altruistas que favorezcan el bien común.

9. Anticiparse a los resultados de una conducta

Los adolescentes saben perfectamente que sus actos tienen consecuencias a corto, medio y largo plazo. En ocasiones no se detienen a pensar en dichas consecuencias antes de actuar. Un buen ejercicio que puede realizarse en pequeños grupos consiste en plantearles conflictos que deberían resolver pensando en sus repercusiones personales y sociales. Así podrán reconocer, con la ayuda del adulto, que hay beneficios rápidos para el individuo, pero que tal vez no son positivos a largo plazo desde el punto de vista social. Por ejemplo, en una discusión quien manipula y chantajea consigue resultados rápidos, pero esos resultados no son reales, sino producto de la presión psicológica del momento. A largo plazo es posible que la persona que estaba en inferioridad de condiciones se rebele. Es evidente que en algún momento el grupo deberá decidir entre varias posibilidades y hacer hipótesis del tipo «Qué ocurriría si...». La idea central es demostrarles que conseguir algo rápidamente no siempre significa que sea la mejor opción.

Ĝ, ◆ ″, ◆ ‴

10. *Puntos de solidaridad*

Los «puntos de solidaridad» tienen un carácter temporal y constituyen una oferta del centro educativo. Se ubican en lugares estratégicos, donde generalmente se producen más conflictos, como cerca de los baños, en el patio, en los pasillos, en la entrada, y funcionan durante los recreos. Los «puntos de solidaridad» son responsabilidad del voluntariado, de los alumnos que ayudan a la resolución de conflictos, y son siempre los cursos superiores los encargados de utilizarlos como puntos informativos para los alumnos de cursos inferiores.

Otra actividad que pueden realizar los responsables de los «puntos de solidaridad» es la información sobre los derechos asertivos básicos curso por curso. Éstos son los derechos asertivos básicos:

- Todas las personas tienen derecho a intentar conseguir lo que consideren mejor para ellas, siempre y cuando esto no repercuta negativamente sobre otras personas.
- Todas las personas tienen derecho a ser respetadas.
- Todas las personas tienen derecho a pedir ayuda, no a exigirla.
- Todas las personas tienen derecho a sentir emociones —miedo, ira, tristeza, ansiedad...— y a expresarlas, sin herir los sentimientos de los demás.
- Todas las personas tienen derecho a tener su propia opinión, sobre cualquier tema o circunstancia, y a expresarla sin ofender intencionadamente a las demás personas.
- Todas las personas tienen derecho a equivocarse en sus actitudes, opiniones y comportamientos.

En los «puntos de solidaridad» también se dan pegatinas a los alumnos más solidarios del colegio el viernes de cada semana, escogidos por votación en cada curso.

Ĝ, ◆ ̋, ◆ ̏

11. *Elaboración de guías para alumnos en apuros*

Sin duda no hay mejor modo de enseñar a los alumnos a reflexionar que pedirles que expliquen algo a otros alumnos. La necesidad de adecuarse al lenguaje del otro, a su capacidad para comprender el mensaje que se quiere trasmitir, les obliga a hacer un verdadero esfuerzo.

Las guías para alumnos en apuros comprenden todo lo que se puede hacer si se es acosado.[9] Los alumnos de tercero de

9. *Op. cit.*, nota 1.

ESO en adelante pueden hacer guías sobre la convivencia positiva para los alumnos menores. También pueden hacer guías para padres. De lo que se trata es de presentar proyectos sobre temas que les impliquen a ellos y a otras personas de la comunidad escolar.

Ŝ, ◆ ″, ◆ ‴

12. *Proyecciones y debates sobre el alcohol, las drogas y la sexualidad*

Según diversos estudios, los jóvenes que tienen problemas de relación son más propensos a engancharse al alcohol a edades muy tempranas. Lo ideal es proyectar una serie de imágenes que muestren los efectos del alcohol y las drogas en la conducta. Seguidamente los alumnos exponen qué han visto y qué piensan.

Finalmente se les explica lo que no se ve, es decir, qué ocurre dentro del cuerpo y cómo afecta a largo plazo. En el caso de las drogas, además de lo anterior y de las consecuencias para la vida de muchos jóvenes, no hay que olvidar que ellos son solidarios por naturaleza, y necesitan de estos argumentos. Los periodistas Begoña Pueyo, coordinadora del proyecto «Todos contra la droga» y Alejandro Perales proponen explicar las consecuencias del consumo de drogas a través del símil de la deforestación en un país como Perú, donde un centímetro de suelo tarda trescientos años en formarse y donde la deforestación ha causado inundaciones terribles.[10] También se les puede explicar que las drogas financian guerras y actos terroristas, o hablar de los «ni-

10. Pueyo, Begoña y Perales, Alejandro, *¿Y si mi hijo se droga?*, Grijalbo, Barcelona, 2005 (págs. 187-188).

ños verdes» de la selva amazónica, que con siete u ocho años quedan enganchados a la cocaína.

Por último, los debates sobre sexualidad deberían ir dirigidos a los verdaderos intereses de los jóvenes. A partir de un enfoque pedagógico integral, y mediante una metodología participativa y reflexiva, es posible incluir conocimientos que sirvan para una construcción positiva de la sexualidad, es decir, enseñarles a respetarse, a respetar al otro, a decir «no», a aceptar su cuerpo. El objetivo será analizar y profundizar en varios aspectos de la realidad subjetiva y social, partiendo de sus experiencias cotidianas, sus afectos, sus ideas, su historia, pero fundamentalmente centrándose en los mitos y los estereotipos.

Los talleres de sexualidad duran cuatro días, que pueden ser consecutivos o repartidos en dos semanas:

— Primer día. Debate con el grupo completo.
Las preguntas para iniciar el debate son las siguientes:
¿Cómo es posible que los cambios sexuales produzcan cambios emocionales?
¿Por qué hay personas que emocionalmente se sienten mejor manteniendo relaciones sexuales con uno u otro sexo? (Esta pregunta se incluye cuando hay exclusión por homofobia, prejuicios, etcétera.)

— Segundo día. Trabajo de investigación acerca de los mitos y prejuicios sobre la sexualidad.
Se trabaja en grupos pequeños, en sesiones de cuarenta y cinco minutos de duración.
En primer lugar se hará una distinción entre los discursos que ven en la televisión y los que oyen en la familia, en el centro educativo, en la iglesia o cuando están con sus amigos respecto a:

La sexualidad en general.

El amor en relación con el sexo.

Las relaciones de pareja.

Los roles de la pareja.

Después, se hace una reflexión final con todo el grupo.

— Tercer día. Segundo trabajo grupal.

Durante cuarenta y cinco minutos, cada grupo investiga aspectos de la sexualidad como:

La búsqueda de la intimidad.

Amigos del mismo sexo.

Amigos del otro sexo.

«Amigos con derechos».

Relaciones casuales y el riesgo de contraer enfermedades.

El sida y la prevención.

Prevención del embarazo.

En la exposición final, el profesor explica la idea de que la sexualidad está integrada en la persona, pero no la define.

— Cuarto día. Tercer trabajo grupal sobre la sexualidad en la historia.

Cada grupo elige una época e investiga cómo se entendía entonces la sexualidad. Por ejemplo: la antigua Grecia, la antigua Roma, la Edad Media, el Renacimiento, los años sesenta y setenta, la actualidad. El grupo confeccionará una lámina o un dibujo para exponer lo investigado.

A partir de la exposición y la reflexión grupal se buscarán puntos en común entre la idea de sexualidad en las diferentes épocas. También se estudiará cómo eran vividos los mitos, prejuicios y tabúes como parte de la cultura, las diferentes vías de transmisión de los mismos.

Ŝ, ◆ ˝, ◆ ˝˝

13. *Convertir una emoción negativa en una emoción positiva*

Mediante esta estrategia los alumnos aprenden que ellos pueden cambiar sus estados anímicos de dos maneras: dando otro sentido a las emociones negativas y comprendiendo que una emoción puede ser transformada en positiva, por molesta que sea. Por ejemplo, la furia podría predisponer a la acción (algunas escenas de la novela *Rojo y negro*, del escritor francés Stendhal, sirven de ejemplo). También la ansiedad indica cierto grado de estrés que nos prepara para la acción. Es mejor tener ansiedad que tener abulia o desgana, que llevan a la inactividad. El miedo, en muchos casos, es una valiosísima señal que indica la desproporción entre la amenaza a la que nos enfrentamos y los recursos con los que contamos para resolverla.

Es decir, los alumnos se convencen de que las emociones pueden estar a nuestro favor si se sabe cómo canalizarlas. Se trata de que no se conviertan en una excusa para maltratarnos, quedarnos fuera de juego o no volver sobre los propios pasos cuando es necesario.

Ŝ, ◆´, ◆´´, ◆´´´

14. *Tener una actitud crítica frente a lo que se ve*

Lamentablemente muchos adolescentes llevan años educándose con la televisión. La información que reciben, a menudo parcial y distorsionada, no les ayuda a entender que ellos pueden decidir lo que más les conviene. Según diversos estudios, los niños occidentales miran un promedio de tres a cuatro horas de televisión diarias a partir de los siete años, o sea, que pasan más tiempo frente al televisor que realizando otras actividades extraescolares. Pero hay más: la televisión condiciona cómo se alimentan, la elección de sus relaciones, los valores que deben ser prioritarios a su edad...

Si pensamos que la mayoría de los adolescentes de hoy fueron puestos frente al televisor por primera vez cuando eran bebés, es fácil darse cuenta de hasta qué punto puede ser complicado sacarlos del rol de espectador o receptor pasivo, es decir, el que se conforma sin interactuar ni cambiar nada de lo que ve, sólo escucha y acepta. Durante este largo proceso en que aprendieron a asimilar rápidamente lo que se les presentaba como verdadero, la capacidad de discernimiento ha ido mermando. Es evidente que no se trata de prohibir a los niños que miren uno o dos de sus programas predilectos al día, pero la televisión debe convertirse en un medio para fomentar una actitud crítica. Algunas de las cuestiones que convendría trabajar son:

- ¿Qué películas y programas ven los adolescentes? ¿Cómo se resuelven los conflictos en ellos? ¿Se tienen en cuenta más de un punto de vista?
- ¿Qué ocurre cuando alguien mira la televisión más de una hora sin hablar con nadie y manteniéndose abstraído en su mundo, independientemente de que eso dé placer? ¿Hay cambios emocionales?
- ¿Cómo son los modelos de adolescentes que propone la televisión? ¿Saben cooperar, actúan con respeto hacia el prójimo, tienen interés por el punto de vista del otro?
- ¿A excepción de los informativos, el mundo que muestra la televisión es parecido a la realidad? Por ejemplo, ¿los héroes comen, se cepillan los dientes, tienen miedos…? ¿Por qué se muestran sólo ciertas características?
- ¿Cuál es el papel de la publicidad? ¿Cómo influye en los gustos personales? Es preciso explicar que en los anuncios se busca que los espectadores se convenzan de que eso que ven es lo que les falta para ser felices. Al mostrárselo cada

día muchas veces a una persona, ésta acaba creyendo que su vida sólo mejorará si lo consume. ¿Qué pasaría si se cambiara el decorado y la ambientación de los anuncios? ¿Su mensaje llegaría al público que se quiere captar? Hay que enseñar a reconocer a quién se dirige la publicidad sólo mirando la escenografía de los anuncios. Por ejemplo, se puede ayudar a que reconozcan las diferencias que hay entre los anuncios de un detergente para lavadora, un coche último modelo o un juguete para niños.

• ¿Qué argumentos esgrime la publicidad? Conviene distinguir los argumentos simples, de poca profundidad y muchos «efectos especiales». Éstos pueden ser consumidos rápidamente sin dar tiempo a que el espectador se cuestione nada.

Ŝ, ◆´, ◆´´, ◆´´´

15. Comprometerse con algún trabajo comunitario

El trabajo personal y el trabajo de integración al grupo de compañeros son dos eslabones importantes para un adolescente, pero falta un tercero, que es la conciencia de lo que puede hacer en la comunidad. A veces puede tratarse de pertenecer a grupos de *scouts*, comisiones parroquiales o comisiones escolares que participan en el trabajo extraescolar. También se pueden organizar grupos de voluntarios para trabajar en un comedor de beneficencia, colaborar en proyectos para el barrio, leer a los ancianos en un geriátrico, ser tutor de niños pequeños fuera de las horas de clase, fabricar muñecos para niños enfermos, etcétera.

De lo que se trata es de que el compromiso sea una prioridad en la vida del alumno, que el interés no decaiga. A veces se logra la participación de todos los alumnos, en otros casos sólo la de un grupo pequeño. También podemos contar con la colaboración de los padres para estimular a los alumnos.

Ĝ, ◆´, ◆´´, ◆´´´

16. Pintar murales escolares

Así somos y así nos sentimos. Con un mural que llevaba este título se expresaron los chicos y chicas de tercero de ESO de un colegio español. La obra final resultó fascinante, y fueron ellos quienes invitaron a los alumnos de otros cursos a sumarse al proyecto. La consigna fue relacionar sentimientos con una imagen y plasmarla en cualquier lugar del mural, para lo cual disponían sólo de veinte minutos una vez por semana. El trabajo se prolongó, como es lógico, durante casi todo un curso, porque trabajaron con esmero. Hoy ese mural está permanentemente expuesto en una de las salas principales del centro.

Este modo de gestionar las emociones, como cualquier otra actividad artística prolongada que se realiza por etapas, favorece no sólo el trabajo en equipo, sino el hallazgo de un canal adecuado para aprender a tolerar la frustración. Cada vez que los alumnos retoman la tarea piensan en cuál será el paso siguiente.

Ĝ, ◆´, ◆´´, ◆´´´

17. Elaborar carteles para puntos calientes

Las situaciones de acoso generalmente se materializan en lo que se denominan «puntos calientes»,[11] es decir, patio, ba-

---

11. *Op. cit.*, nota 1.

ños, pasillos, cambios de clase, etcétera. Esta estrategia es un modo de implicar a los alumnos para que eviten o denuncien las situaciones de violencia y no impere en ellos la ley del silencio, para lo cual se promoverá el compromiso activo en la detección y en la prevención. Los alumnos elaborarán y colocarán en dichos puntos carteles en que se hable del perfil del violento y de las razones por las que hay que parar la violencia. Estos carteles ayudan a los alumnos a concienciarse frente a conductas desfavorables para el grupo.

4

MÉTODOS DE DETECCIÓN
DEL BULLYING

Uno de los momentos en que la ineptitud social resulta más dolorosa y explícita es cuando el niño trata de acercarse a un grupo de niños para jugar. Y se trata de un momento especialmente crítico porque es entonces cuando se hace patente públicamente el hecho de ser querido o no serlo, de ser aceptado o no.

DANIEL GOLEMAN, *Inteligencia emocional*

Es evidente que las estrategias para detectar el bullying dependerán de cada centro escolar, de sus objetivos y del compromiso del profesorado. Es evidente también que algunos cuestionarios, probablemente los más conocidos, como los directos, con preguntas del tipo «¿Alguna vez te han pegado tus compañeros?», no dan resultados reales, por dos motivos: porque llevan a confundir conductas violentas aisladas con una situación de acoso permanente, por lo que tal vez sólo sirvan para detectar las primeras. Y porque, como se ha explicado, en el bullying existen tres lugares (víctima, acosador y testigo), que a menudo se intercambian. Una víctima puede convertirse en acosador, alguien del grupo puede estar jugando a dos bandas a favor del acosador y de la víctima, o el acosador puede ocupar el lugar de víctima del grupo. Entonces,

¿desde qué lado responde al cuestionario un chico o una chica que desempeña un doble papel?

Teniendo en cuenta las dificultades que existen, las estrategias de detección deben ir encaminadas, por un lado, a detectar qué alumnos ocupan los dos lugares principales y, por otro, a observar las señales que habría que tener en cuenta para detectar el acoso.

LAS SEÑALES

— El clima de tensión permanente. Una de las señales de que en un grupo se está viviendo una situación de bullying es o bien la tensión permanente que se vive en clase, acorde a la frecuencia de actitudes disruptivas, o bien lo que se conoce como calma tensa, es decir, un ambiente de aparente cordialidad donde se ve explícitamente cómo unos alumnos se ríen, se burlan o molestan a otro que cada vez intenta ocupar un menor espacio en la clase o en el patio, o que queda rezagado cuando se forman los grupos. La tensión suele explotar en el grupo por nimiedades y aumenta a medida que el día avanza. Es en este medio hostil cuando algunos profesores prefieren hacer como si no pasara nada.

En algunos casos, en estos grupos hay más de un alumno que ha repetido curso y que suele unirse a los acosadores, o bien uno de ellos es una víctima provocadora.

— Alumnos que están frecuentemente implicados en los conflictos. Otra señal a tener en cuenta son los alumnos que se involucran a menudo en disputas. Hay que saber, no obstante, que el verdadero acosador no siempre es visible. A veces se camufla en medio de un grupo de cuatro o cinco que se comportan como verdaderos matones, sin disimulos. En otros casos el acosador aparece ante la mirada del profesor como amigo de la víctima, y la propia víctima llega a creerlo así. El doble juego del cabecilla puede hacer incluso que sus compañeros lo tengan bien considerado debido a que todo el grupo está convencido de que la víctima es dañada porque se lo merece, porque molesta. Este convencimiento grupal puede llevar a un acosador a mantener su estatus durante varios cursos, por lo que convendrá aplicar estrategias para determinar que es él y no otro el violento. En ocasiones puede ser interesante hacer un seguimiento de quiénes son los alumnos que están siempre implicados en los conflictos y quiénes son los que lo están sólo de vez en cuando, pero que se mantienen a lo largo del tiempo.

— Las ausencias del centro escolar. Cuando hay casos de bullying en los centros escolares es común que los alumnos acosados no acudan a clase. A veces inventan excusas en su casa, van al centro pero no llegan a entrar. El control de las ausencias es muy importante para saber si en el aula hay situaciones de agresión permanente. La fobia a ir a clase y la necesidad de evitar la marginación o de hacer el ridículo frente a los compañeros son sólo algunas de las razones que llevan a un alumno a ausentarse del centro. Pero estas ausencias no son los únicos detalles visibles, también hay cambios de humor, de conducta, un mayor nerviosismo y enfermedades fingidas. El niño incluso puede iniciar una huida hacia delante, por ejemplo, refugiándose en los estudios o, si es adolescente, saliendo más y bebiendo alcohol a edades tempranas.

— ¿Qué espacio ocupan los alumnos en clase y en el recreo? Los chicos excluidos suelen estar cerca de las esquinas del patio si es cerrado; en un lugar apartado de los acosadores o en el primer banco en clase, y suelen salir los últimos o los primeros cuando acaba la jornada. Lo que intentan con ello es ocupar poco espacio, no ser vistos. A diferencia de la víctima provocadora, que rompe el espacio de seguridad entre él y los demás, los chicos excluidos y acosados intentan pasar inadvertidos.

LAS ESTRATEGIAS DE DETECCIÓN

— Cuestionarios indirectos para detectar a los posibles alumnos violentos. La mayoría de los chicos y chicas violentos suelen estar convencidos de que su violencia está justificada, que la usaron porque era lo que debían hacer o porque se trataba de algo inevitable, porque decididamente no había otra opción. Al menos éstas son las excusas que suelen dar cuando no tienen otra alternativa más que confesar sus actos vandálicos, aunque en el 90 % de los casos, al ser interrogados por primera vez, siempre los nieguen. La justificación de la violencia encubre una actitud de falsa seguridad que los convierte en héroes ante la mirada pasiva de los demás, mientras que la víctima es vista como un ser despreciable. En el libro *Guerra en las aulas* se dan una serie de detalles sobre el complejo perfil de los acosadores y su lenguaje, teniendo presente además que ciertas creencias de género, ideológicas y morales sustentan su comportamiento.

Es probable que la víctima admita el acoso, pero no denunciará al acosador. Por ello, los cuestionarios indirectos suelen ser muy eficaces a la hora de detectar quiénes son los posibles chicos violentos. Están pensados a partir del estilo de razonamiento de la mayoría de los acosadores escolares y forman parte de una de las estrategias más importantes del Proyecto Atenea.

Las claves para la creación de estos cuestionarios indirectos son:

1. No es suficiente con preguntar «¿Has pegado a un compañero alguna vez?». No hay que esperar a que

el agresor muestre abiertamente su prepotencia, seguramente generada por su fracaso en algún o diversos ámbitos.

2. Siempre conviene preguntar por los motivos del agresor («¿Has hecho daño a alguien alguna vez sólo por gastar una broma?»). No hay que olvidar que las bromas a menudo se relacionan con las agresiones, ya que son un intento por parte del agresor de restar dureza a la propia situación de violencia. Además, encajan con el tipo de maltrato más frecuente en el bullying, los insultos. Finalmente, estas supuestas bromas también están relacionadas con la idea del bullying como respuesta a una provocación.

3. ¿Hay chicos en tu clase a los que llamarías «distintos» y a los que te has visto en la obligación de pararles los pies? (Esta cuestión es interesante porque está relacionada con el rechazo y la exclusión.)

Como se puede comprobar, los cuestionarios indirectos no buscan sólo averiguar si un chico es víctima, sino ver al mismo tiempo dónde están los agresores. Es evidente que en un cuestionario habrá algunas preguntas neutras y otras del tipo «¿Se han burlado de ti alguna vez?», «¿Más de una vez?», «¿Demasiado a menudo?» con el objetivo de encontrar a aquellos alumnos que pueden estar ocupando el lugar de víctima.

Éste es el cuestionario que usó un grupo de profesores, orientadores, tutores y asistentes sociales en un colegio de los Llanos de Aridane (Canarias), donde se llevó a la práctica el Proyecto Atenea. Se introdujeron preguntas indirectas dentro de otra batería de preguntas para detectar víctimas y posibles acosadores. Partiendo de que cada cuestionario debe adaptarse a una realidad social, en este caso el objetivo era dar un primer paso para detectar el nivel de violencia en las aulas y la posibilidad de que hubiera alumnos acosados o con tendencia a acosar a otro. Los alumnos respondieron al cuestionario de forma anónima.

1. ¿Crees que está justificado que alguien use la violencia para defender sus ideas?
2. ¿Crees que si alguien se defiende usando la violencia su grupo de amigos lo admirará?
3. ¿Crees que hay niños quejicas en tu clase? ¿Por qué?
4. ¿Alguna vez has sido sancionado por pegarle a alguien y lo has considerado injusto porque no era para tanto?
5. ¿Crees que los demás sólo se fijan en los derechos de otros compañeros y se olvidan de los tuyos siempre?
6. ¿Te parece que las chicas de tu clase dan más importancia a las cosas de las que en realidad tienen?
7. ¿Has tenido que amenazar o asustar a alguien para hacer valer tu opinión?
8. ¿Alguna vez te han acusado de pegar a alguien cuando sólo se trataba de una broma?
9. ¿Crees que las demás personas son las culpables de tus problemas?

— Cuestionarios indirectos para detectar a la posible víctima. Del mismo modo, es posible realizar cuestionarios indirectos para detectar posibles víctimas. Cada centro puede elaborar los que considere adecuados, pero he aquí el modo en que se sugiere que se formulen las preguntas:

1. ¿Crees que los demás exageran a la hora de analizar o comprender tus actos?
2. ¿Te has visto en la obligación de pegar a alguien para evitar que se metiera contigo?
3. ¿Crees que tus compañeros tienen razón al meterse contigo?

4. ¿Crees que tus problemas no tienen solución?

5. ¿Consideras que hay razones para que algún compañero o compañera te moleste dentro o fuera de este centro?

— El buzón de socorro, el buzón amigo, el buzón de denuncias, o como se lo quiera llamar, da excelentes resultados porque los alumnos se sienten libres para denunciar. Lo único que se les pide es que expliquen lo que pasa en una carta anónima, donde, eso sí, debe figurar el curso. Los alumnos responden muy bien a este tipo de estrategias porque no se sienten «chivatos». Es conveniente explicarles que cuantas más cartas se reciban en el buzón, más pronto podrá tomar medidas el centro escolar.

— E-mails de ayuda, teléfonos gratuitos y webs de información del centro. Cuando hace un año insistí en la creación de e- mails y teléfonos de ayuda y de webs de información muchos pensaron que no sería un buen camino para detectar el bullying. Hoy se sabe que muchos chicos han podido salir de situaciones de acoso con la ayuda del centro gracias a estos medios. Todos ellos tienen un carácter estrictamente confidencial:

1. E-mail de ayuda: se trata de una dirección de correo donde los alumnos pueden escribir lo que les ocurre a ellos o a otros.

2. Teléfonos gratuitos: ofrecen un servicio permanente antiviolencia, las veinticuatro horas del día. Lo ideal es que estén en los Ayuntamientos.

3. Web de información perteneciente al centro. Da la seguridad de que el centro se preocupa por la violencia. La web puede estar gestionada por los alumnos de ciclos superiores.

— Detección en el autobús escolar y a la entrada o salida de la escuela. Para detectar problemas de violencia en estos lugares el voluntariado y los propios padres pueden desempeñar un papel importante. Pueden organizarse grupos de compañía a la salida y a la entrada del colegio, así como en el autobús, donde se pueden establecer zonas de descanso y de juego, si se trata de autobuses exclusivos para el colegio. En este sentido, el trabajo de los voluntarios y de las ONG es útil para informar a los padres y explicarles cómo controlar los «puntos calientes».

— Pizarra de denuncias. Una estrategia fundamental es la de colgar pizarras en los pasillos donde los chicos puedan clavar un papel que diga, por ejemplo, «Acoso en primero a...». Desde el momento en que se coloca la pizarra se explica a los alumnos que servirá para que nadie se sienta señalado por querer ayudar. Los alumnos deberán comprender que se trata de un medio de ayuda para que ellos se sientan más seguros y resuelvan sus problemas.

— Folios de quejas por correo. Se entregan a principio de curso y están destinados sólo a conflictos entre iguales. Estos folios se dividen en tres partes diferenciadas, donde se explica el conflicto, quiénes intervinieron y cómo se podría solucionar. Generalmente se entregan cinco por alumno. La ventaja de estos folios es que aseguran el anonimato, pues se envían por correo.

QUÉ HACER CUANDO SE DETECTA EL BULLYING EN CUALQUIERA DE SUS FASES

Cada centro educativo debe decidir en última instancia cómo actuará cuando detecta una situación de bullying. Independientemente de la opción que elija, habrá que intervenir, y el primer paso será proteger a la víctima. No obstante, existe una gran diferencia entre atajar el bullying cuando está en las primeras fases y cuando ya lleva tiempo practicándose.

Las primeras fases generalmente están más relacionadas con insultos, bromas pesadas, estigmatización de un compañero por un detalle sobresaliente, etcétera. Si bien esto es doloroso para quien lo padece, todavía es posible recuperar el equilibrio en el grupo con un trabajo profundo tanto con la víctima, como con el que acosa, que debe recapacitar y reconocer el daño que ha hecho. En ambos casos se hará un trabajo individual (con ayuda terapéutica), que repercuta en el bien social. El profesor y la dirección de la escuela deben tomar posición frente a la violencia entre iguales y determinar de antemano qué consecuencias tendrán que afrontar los chicos o chicas que acosen. No se puede mirar para otro lado, pero tampoco estar desprevenidos. Por ello, el que acosa deberá recibir ayuda terapéutica y realizar más trabajo de aprendizaje social, para ser, en el futuro, capaz de trabajar por el bien de otros. Se han comprobado los efectos negativos de dejar al acosador fuera de juego, sin ayuda psicológica y sin colaboración de los padres en ámbitos como, por ejemplo, un programa de rehabilitación de sus competencias como padres. En muchos casos estos chicos no son aceptados ni en el colegio ni en casa, lo que agrava el comportamiento violento, la desconfianza y la incapacidad de creer que pueden hacer algo por los demás. Como si ser excluidos del tejido social afianzara su visión particular de no cuidar las relaciones.

Tampoco ayuda que la familia sea demasiado sobreprotectora, porque invisibiliza la violencia, reafirma las conductas negativas o convierte al hijo en causa de su sufrimiento. Es por ello que cuando el bullying se detecta en las primeras fases hay que tener preparadas estrategias que refuercen la toma de conciencia por parte del acosador.

Todo el equipo docente y no docente debe estar de acuerdo en que, frente a la violencia, sólo es posible la tolerancia cero, protegiendo a la víctima y obligando a los violentos a asumir las consecuencias de sus actos.

El trabajo con el grupo debería estar encaminado a desmitificar a quien ejercita su poder mediante la violencia. Primero de un modo general, con ejemplos de la historia, y luego con ejemplos más particulares, hasta que el grupo se atreva a plantear alguna inquietud. Lo importante es que todos los alumnos hablen de lo que les pasa para no arrastrar ellos también el miedo a decir lo que ocurre.

El trabajo con la víctima, que debe ser rápido, tiene como objetivo que ésta recupere su equilibrio original, que no se culpabilice. Hay que trabajar con los medios necesarios para que reduzca su nivel de estrés, no haga generalizaciones ni tenga una autoestima negativa. Eso dependerá en gran medida del apoyo psicológico que le ofrezca un profesional, de los padres y de las nuevas respuestas del grupo, aspectos que no pueden dejarse para más tarde.

Cuando el bullying se ha detectado en una fase en que la víctima se siente causante del problema, o ha experimentado un cambio de conducta, lo más importante es apartarla del acosador, y de quienes lo secundan, y tejer una red de protección afectiva a su alrededor. En primer lugar, debe tener cerca a su familia y a sus amigos, y disponer de la guía de un terapeuta para poder hablar de lo que le pasa. Algunas experiencias han demostrado que un trabajo artístico paralelo es de gran ayuda. En otros casos la elección de actividades que proporcionen nuevos amigos es muy positiva para el fortalecimiento interior.

LAS PANDILLAS DENTRO Y FUERA DEL COLEGIO

Uno de los factores que intervienen en el bullying es el sentimiento de exclusión. Es verdad que no toda pandilla tiene componentes violentos. Pero si los tiene, cabe recordar que los chicos que pertenecen a una de estas pandillas fuera del colegio se sienten protegidos por ellas también dentro, se sienten fuertes. El hecho de definirse por un lenguaje y los gestos, así como por unos signos determinados les hace percibirse diferentes y prepotentes. Quizá los padres deberían colaborar con la escuela, informando de la existencia de algunas pandillas y protegiendo a los alumnos acosados, si los hay. No hay que olvidar que algunas pandillas cometen actos delictivos, así que tenerlas controladas, incluso a las más inocentes, las que se forman espontáneamente para compartir salidas o deportes, es bueno para la comunidad. Los líderes de las pandillas, sobre todo los de las más organizadas, suelen ser mayores que el resto de los integrantes, aunque todos se caractericen por ser inseguros, violentos, a veces provenientes de hogares marginales o que han cambiado recientemente de país.

Por todo ello, los profesores deberían informar a los padres sobre la posible incorporación de su hijo a una pandilla, y explicarles que los jóvenes buscan, en estas situaciones, éxito personal. Las señales que nos pueden hacer sospechar que un joven forma parte de una pandilla son los siguientes:

- Símbolos o dibujos que los padres no entienden, en el cuarto, un cuaderno de notas o un libro de la escuela.
- Ropa, emblemas o colores usados una y otra vez.
- Tatuajes escondidos en los tobillos, los antebrazos, el pecho o la espalda.
- Calificaciones que empiezan a bajar.
- Llamadas de la escuela con quejas de mal comportamiento o ausencias sin justificación.
- Aumento de secretos, ansiedad y enojo.
- Drogas o alcohol escondidos en su cuarto.
- Sumas de dinero inexplicables.
- Amigos que van y vienen y que los padres no conocen.

Es imprescindible dialogar abiertamente sobre la falsa seguridad que proporcionan las pandillas, ya que éstas siempre piden algo a cambio de la sensación de protección que ofrecen a sus adeptos. Adeptos que no discriminan entre acciones correctas o incorrectas. Algunos factores que contribuyen a que los jóvenes caigan en estas situaciones son los siguientes:

- Tener un bajo concepto de sus habilidades y valores.
- Perder el control de su propia vida.
- No saber cómo manejar la presión de los amigos.
- Carecer de experiencias positivas y exitosas.

También es posible trabajar en clase lo aparentemente atractivo de las pandillas. Estos grupos transmiten sensación de familiaridad, se comportan de un modo extravagante, suelen conseguir dinero fácil y ofrecen un determinado estatus o posición social. Por otro lado, dado que la pandilla tiene objetivos internos, suele haber maltratos, discusiones con violencia y revancha contra los que quieren salir de ella. El profesor debe mostrar a los alumnos el peligro (cárcel, heridas físicas…) y las actividades ilegales que son parte de la vida de un pandillero. Los profesores deberían dar una información exhaustiva sobre las actividades que se pueden realizar tanto en el centro escolar como en el barrio —deportes competitivos, arte, danza, teatro, música, cocina, natación, campamentos…—, a fin de que los chicos opten por ocupaciones más positivas. También es importante que se avise al centro escolar si aparecen pintadas y letreros en el vecindario, ya que pueden indicar que pronto habrá luchas de pandilleros en la comunidad.

Suelen ser alumnos agresivos que se saltan las normas y a los que no les importa ser expulsados, es más, es lo que buscan. Suelen molestar y despreciar a sus compañeros. Generalmente durante el recreo andan solos y son esperados a la salida del colegio. A veces los miembros de su pandilla merodean por el colegio a la hora del recreo, quizá tratando de reclutar adeptos. ¿De qué modo lo harían? Desde hacerse amigos de un alumno y ofrecerle una amistad incondicional (hermandad) hasta obligarlo mediante amenazas a formar parte de su pandilla. Otras formas son ofrecer dinero fácil o sexo con una chica de la pandilla que ha actuado previamente como cebo, o bien mostrar un mundo exagerado de hazañas para fascinar.

5

OTRAS FÓRMULAS DE PREVENCIÓN DE LA VIOLENCIA

La observación diaria nos demuestra la capacidad de trans-
formación del adolescente. [...] Una simple mirada sobre un
adolescente a menudo descubre al amigo mayor admirado
por él. Pero su capacidad de transformación va aún más le-
jos. Su filosofía de la vida, sus ideas religiosas y políticas
cambian con el modelo.

ANNA FREUD, *El yo y los mecanismos de defensa*

El trabajo que el profesor pueda realizar en clase con el res-
paldo de todos los integrantes del centro es sólo una parte del
necesario. Es vital tener en cuenta otros aspectos, como la comunicación asertiva y la consideración. Y también aspectos
como el papel del profesor, las estrategias generales de convivencia que éste puede transmitir indirecta y directamente a
sus alumnos, el modo de llevar a cabo talleres de no violencia
relacionados con los aprendizajes de género, etcétera.

EL PAPEL DEL PROFESOR

Sin duda todas las estrategias que se describen en este libro
son fundamentales, tanto para la prevención como para la in-

tervención. Es evidente, sin embargo, que no darán buenos frutos si no hay detrás un profesor que funcione como modelo. Y es que ya no se trata de que el profesor tenga conocimientos óptimos, sino de que sea capaz de transmitir valores, desarrollando una nueva competencia profesional; que sea capaz de transmitir una nueva actitud, que no es otra cosa que enseñar a los alumnos a evitar la mentalidad del atajo. La mentalidad del atajo, del camino fácil, es la que busca conseguir todo mediante el castigo, el temor y el uso de la fuerza. Algo similar ocurre con la de la manipulación. La consecuencia de la mentalidad del atajo es, en parte, lo que ocurre en ciertas aulas cuando, mediante la actitud despreocupada del docente, que mira hacia otro lado, se refuerzan las conductas negativas. Aquí sirve el ejemplo del profesor que no deja que los alumnos se sienten cómodamente y los mantiene rígidos como prueba de fuerza, y lo consigue sólo por unos minutos, porque después lo único que logra es un incremento de la conducta que deseaba cambiar. Entonces la impotencia del profesor en el aula se convierte en una comedia trágica. Los alumnos lo boicotean mientras él pierde cada vez más su poder como docente. Mientras el profesor emite señales a los alumnos que indican que él también es una víctima y se convierte en modelo de impotencia, los líderes negativos van haciéndose un hueco, imperceptiblemente, porque el grupo necesita que alguien ostente el poder.

¿Cómo hacer que el profesor se convierta en un modelo de equilibrio de afrontamiento emocional, de habilidades empáticas y de resolución serena, reflexiva y justa de los conflictos interpersonales?

Es evidente que no son los programas, sino quienes los llevan a cabo, los que cambian a los alumnos.

Los recursos que se proponen a continuación tienen por objetivo mejorar la calidad de la comunicación y la imagen de autoridad del profesor frente al alumno:

— Hablar desde sí mismo. Se trata de ser conscientes de dónde se coloca el poder cuando se habla con otra persona, si en el interlocutor o en quien emite el mensaje. Cuando el poder se coloca en uno mismo se dice «yo creo, yo pienso, yo deseo, yo supongo, yo confío en que tú...», por ejemplo, y no «tú eres, tú has hecho...». Poner el poder en uno mismo ayuda a centrarse, a controlar las emociones, a hablar y mostrarse como persona digna de confianza.
— Dar mensajes claros y breves. En un diálogo de tú a tú entre profesor y alumno es importante dar mensajes claros, directos y breves, siempre vigilando que la realidad a la cual se hace referencia sea comprendida por el interlocutor. No hay que usar nunca el lenguaje indirecto e impersonal cuando se desea cambiar una conducta. No se le puede decir a un alumno «Es conveniente que consideres si tu comportamiento ha sido acertado» cuando el docente está convencido de que ha actuado incorrectamente. Lo ideal es decir «No has actuado bien. Espero más de ti».
— Evitar el lenguaje emocional. Si bien resulta difícil no hablar de forma subjetiva, hay que intentar conseguir la mayor neutralidad cuando se expresa un mensaje. Es preciso evitar frases como «Estoy aburrido de tu comportamiento, me sacas de mis casillas». El lenguaje emocional lleva a culpar al otro, a juzgar, a evitar temas...
— Emplear frases asertivas. Las frases asertivas son aquellas que dan la posibilidad de controlar las propias reacciones

y evitar las reacciones negativas de los demás. Algunas de estas frases son las siguientes:

- A ver si lo he comprendido...
- Me agradaría que me explicaras...
- Considero que deberíamos aclarar...
- Tal vez sería conveniente que explicaras...
- Encuentro que es interesante que digas...
- Posiblemente una opción sería...
- Imagino que además de eso tienes propuestas para...
- Creo que no te he causado la impresión que deseaba, pero...

— Cuidar el lenguaje no verbal. La comunicación es un proceso que adopta múltiples formas, entre ellas la comunicación no verbal. Las señales no verbales constituyen el 75 % del mensaje que se transmite a los demás, por lo que hay que tener presente cómo nos mostramos frente a otros. Éstas son algunas de las claves: mantener una distancia de seguridad de al menos un metro; evitar gestos parásitos, como parpadear con rapidez, que indica inseguridad o nerviosismo, moverse de un lado a otro estando de pie, lo cual indica fastidio, agobio, apretar las mandíbulas, fruncir el ceño, hablar en un tono muy alto o muy bajo y con ironía; y no mirar hacia otro lado en lugar de mirar a los ojos.

— Hacer preguntas abiertas. Las preguntas abiertas sirven para clarificar los mensajes dudosos o para llevar la conversación al propio terreno; también para indagar sobre algo que no está claro. Las preguntas abiertas son todas aquellas que no tienen un sí o un no por respuesta.

— Demostrar interés y convencimiento de que el interlocutor tiene buena voluntad. Una actitud de interés y atención concentrada genera en los alumnos una mayor confianza. También es fundamental contar con la buena voluntad de los alumnos; esto hará que colaboren más.

— Repetir lo que el alumno dice en espejo y en forma de pregunta. Si un alumno dice «Odio esta asignatura», la mejor respuesta que puede dar el profesor es: «¿Odias esta asignatura?», seguida de un silencio. Esta estrategia permite al alumno hacer una pausa, reflexionar sobre lo que ha dicho. Si insiste con un «Sí, la odio», la respuesta del profesor debe ser idéntica, hasta que pueda pedirle razones y vea que está dispuesto a hablar sobre ello.
— Tomarse tiempo para responder o decir «No sé». Uno de los problemas de los profesores es creer que siempre deben tener una respuesta a punto. Pero lo cierto es que nadie puede pedir a nadie que tenga respuestas para todo. Tomarse tiempo para responder o decir «No sé, lo pensaré» cuando hay un problema con los alumnos es importante para que la relación siga siendo tranquila, aun sin dar respuestas.
— Demostrar una actitud de escucha activa. Cuando escuchamos activamente leemos también el lenguaje no verbal de nuestro interlocutor. Asimismo, conviene prestar atención sin interrumpir ni soltar largos discursos. La actitud serena y comprensiva es de gran ayuda.
— Respiración controlada. Inhalar antes de hablar, tomarse tiempo para pensar e inspirar profundamente son técnicas que sirven para controlar las emociones.
— Evitar tener una actitud defensiva. Para algunas personas mantener una actitud defensiva es garantía de que no serán vulnerables; sin embargo, la vulnerabilidad es generalmente más evidente cuando alguien se pone una coraza. Una posición relajada y la mirada directa pueden mucho más.
— No humillar nunca al interlocutor. Se humilla con frases como «Siempre eres el mismo», «Nunca he visto en ti nada mejorable», «Sé que no vas a cambiar». Este tipo de mensajes generan rechazo y respuestas agresivas, porque no dan la oportunidad que el otro necesita para rehabilitarse.
— Pedir o sugerir en lugar de exigir. No siempre es posible

aplicar esta estrategia cuando se está frente a veinticinco alumnos. No obstante, si se trata de conflictos simples será mejor utilizar este recurso para dar al otro la posibilidad de que sienta que hace las cosas porque él desea llevarlas a cabo y no porque se las imponen.

— Obstinarse en querer tener razón. Ésta es la actitud más desfavorable que puede tener alguien que está educando a otros. Lo importante es dar argumentos positivos, antes que perder tiempo intentando demostrar a los demás que son ellos los que están equivocados.

— Frenar interrupciones. Hay alumnos a los que les apasiona boicotear las clases con interrupciones. En lugar de dejarse llevar por la ansiedad, lo mejor es decir: «Esperad un momento, por favor, que aún no he acabado», o «Quisiera que me dejaras acabar lo que estaba diciendo, enseguida te escucho». Pero nunca: «¿Cómo te atreves a interrumpirme, maleducado?».

— Detectar la mala comunicación con los alumnos. El grupo o la mayoría de los alumnos emiten señales claras cuando hay mala comunicación con el profesor. Éstas son algunas de las señales: mostrar poco interés, moverse en las sillas, toser, distraerse con otra cosa, como dibujar o jugar con un bolígrafo, en lugar de escuchar, negar que les sorprende lo que escuchan con frases como «Eso ya lo sabíamos», opinar de cualquier otro tema y malinterpretar deliberadamente los mensajes.

— No recurrir a reproches. No conviene reprochar al alumno algo que pudo haber hecho en el pasado. En ese caso lo único que se logra es que el alumno se resista y no coopere.

Exponer desde las propias necesidades en lugar de culpar ni atacar es una de las primeras premisas que el profesor debe transmitir a los alumnos. La segunda es la ventaja de ver las posibilidades que pueden aparecer en una nueva situación de conflicto. En lugar de centrarse en «lo que debería ser» es mejor enseñarles a plantearse cuestiones como: «¿Soy capaz de ver posibilidades en "lo que es"», «¿Qué es lo que deseo cambiar?», «¿De qué modo puedo exponerles mi deseo sin atacarles ni culparles?», «¿Consigo con mi exposición explicar cuáles son mis sentimientos o, por el contrario, me limito a exponer lo que considero que está bien o mal?». Obviamente, quien enseñe estos recursos previamente los tendrá como hábitos propios. Éstas son algunas de las cuestiones que podrían enseñar a sus alumnos en momentos difíciles:

- Ante un problema de difícil solución... ¡compartimentar! Se trata de enseñar a los alumnos a dividir un problema en pequeños fragmentos, y planificar las acciones que se van a realizar con relación a cada fragmento. Es una estrategia efectiva para argumentar que no hay razón para huir de los conflictos.
- Evitar hacer presagios. Los presagios de los adolescentes casi siempre son negativos. Lo mejor es enseñarles a pensar en las consecuencias de los hechos.
- Ser conscientes de las palabras. Cuando un alumno llama «tonto» a otro, o se lo dice a sí mismo, el docente debe insistir en que se pregunte si esa palabra define a la persona en conjunto, y pedirle que traduzca lo que quiere decir sin usar esa palabra. Este es un aprendizaje que debe acompañarles desde edades tempranas.
- No buscamos la perfección. Nadie es perfecto. Lo que hay

que intentar es ser coherente entre lo que uno cree y lo que uno hace, respetarse y respetar a los demás.

- Aceptar las críticas como parte del juego. Que una persona critique no significa que la persona criticada tenga algún defecto, tampoco es necesario complacer las expectativas de todo el mundo, hay gente que puede disentir.
- Analizar los costes y los beneficios. Ante la toma de una decisión, va bien hacer una lista de lo que se gana y lo que se pierde. Finalmente responder a la pregunta: «¿Es importante para mí hacer "eso" con esta nueva visión que tengo?».
- Criticar sin personalizar. Se da el punto de vista referente a los hechos, no implicando a las personas.
- Automotivarse. Es la mejor herramienta para no quedar inactivo. Se trata de aceptar que las cosas son como son, más bien como un desafío, y no como si fueran un enemigo. Esto ayuda a los alumnos que tienen miedo a fracasar y que no se embarcan en nuevas actividades. La automotivación también está unida a la capacidad para recompensarse, para reconocer los méritos propios.
- Mantener un lugar de seguridad en lugar de discutir. Si alguien se muestra discutidor lo mejor es preguntarse por qué lo hace, sin querer que entre en razón. Lo ideal es reconocer primero los puntos positivos de lo que dice, para luego hablar con él sobre los puntos donde reina el desacuerdo.
- Decir libremente «no lo entiendo». Todos tenemos derecho a tomarnos el tiempo necesario para comprender las experiencias. Las experiencias son el único modo de aprender que tenemos, y generalmente incluyen la relación con los demás. Es por ello que si necesitamos tomarnos tiempo para entender qué ha ocurrido debemos decirlo.
- No leer la mente de los demás. A menudo los adolescentes creen que saben qué les van a decir los profesores o sus padres. Es verdad que los adultos somos a veces un poco repetitivos, pero ello no es excusa para que los más jóvenes

nos interrumpan antes de que acabemos de hablar. Y se puede aplicar lo mismo en las relaciones entre iguales.

- Responder basándose en el argumento de los demás. Oponerse, contraatacar o huir son formas no asertivas de afrontar los conflictos. La forma positiva es escuchar lo que el otro tiene que decir y, desde sus argumentos, extraer lo positivo para comenzar a dialogar.

- Ser persistentes cuando uno cree tener razón. Aunque no parezca que esta estrategia sea políticamente correcta, lo cierto es que ser persistentes permite a los adolescentes ganar confianza en sí mismos y pensar en estrategias. La persistencia no está unida a la superficialidad, sino al análisis y a la reflexión.

- Pedir disculpas cuando ha habido un error. Las disculpas deben ser pedidas sólo cuando se considera realmente necesario, porque de lo que se trata es de que no pierdan valor. Si se piden sólo cuando son necesarias no es de extrañar que la otra persona las perciba como sinceras.

- Ser educados. Enfadarse produce confusión, además a las personas enfadadas la gente las ve débiles y sin credibilidad. Por eso enfadarse, negar o ser testarudo no lleva a ninguna parte, aunque a corto plazo parezca que se ha logrado algo.

- No recurrir a las amenazas. Las amenazas ponen al descubierto a la persona que las pronuncia, hablan por sí mismas. En lugar de usarlas, lo mejor es verbalizar una afirmación tranquila con la que comuniquemos los pasos que se van a dar.

TALLERES DE EDUCACIÓN DE GÉNERO

En la mayoría de los países hay desigualdades de género en mayor o menor medida. Los «Talleres de educación de género para una mayor equidad» constituyen uno de los recursos más importantes sobre los cuales se asienta el trabajo por la no violencia en la escuela. El principal objetivo de estos talleres de género (a partir de trece años, y por más que muchos de sus objetivos formen parte de los hábitos cotidianos desde edades tempranas), consiste en que los alumnos reconozcan el componente de violencia en la desigualdad de los «permisos sociales» para que expresen lo que sienten, lo que piensan y puedan debatir sobre ello, proporcionándoles además una permanente influencia positiva para la igualdad.

Las estrategias que se proponen más adelante tienen por objetivo el desarrollo integral de los alumnos con independencia de su sexo. Para ello se trabajará la afectividad como elemento educativo, a fin de que los alumnos tengan una autoestima adecuada. Las repercusiones sociales del hecho de ser niña o niño han sido durante años reforzadas por los centros educativos, donde se potenciaban una serie de actitudes propias de niñas, y otras, de niños. En este sentido, es a los centros a quienes toca comenzar a romper esta línea impuesta, que ha otorgado más poder y un mayor nivel de exigencia en el control de las emociones a lo masculino, mientras que a las niñas se las ha educado para mostrarse siempre afectivas y predispuestas. Esta educación no sólo ha generado desequilibrios de poder entre el niño y la niña, sino desigualdades y situaciones violentas en muchos casos. Así, los centros deben preparar a las niñas para que acepten sus cuerpos, no sean sumisas, y puedan prevenir y denunciar las agresiones, defenderse de conocidos y desconocidos, sean o no adultos, y comunicar a la persona que sienten más cercana cualquier experiencia que despierte sus sospechas, con la seguridad de ser creídas y protegidas. Los niños deberán ser preparados igual, pero poniendo el acento en que sean igualitarios, respetuosos, pidan permiso y acepten las negativas. Los chicos deben poder disociar la masculinidad del dominio y la agresión, porque ser hombre no impide ser igualitario, sensible y cariñoso.

En el ciclo de secundaria es fundamental trabajar no sólo un modelo *coeducativo, sino también* la reflexión, los debates y las investigaciones en grupo. Se partirá siempre de valores educativos integrales, de una enseñanza asentada en la cooperación, la atención y el cuidado de personas y cosas, la responsabilidad, el compromiso y una actitud que ayude a vivir abiertamente las emociones, desarrollando la capacidad de escuchar y participando en la toma de decisiones, independientemente de que los alumnos sean chicos o chicas. Para sensibilizar en temas de género existen estrategias específicas destinadas a lograr los objetivos siguientes:

- Desterrar la sumisión y el sentimiento de culpa por no agradar, por no responder al modelo que se pide a las chicas. También es aplicable a los chicos.
- Compartir espacios comunes sea dentro o fuera de la escuela.
- Dar entrada a la diversidad familiar.
- Revisar nuestras actitudes y actuaciones para ser autocríticos, estar alerta a las contradicciones en que caemos como adultos.
- Exigir un lenguaje no sexista en medios de comunicación, vídeos, juegos, imágenes, libros de texto.
- Educar en la sexualidad responsable ante todo, lo que significa no dejarse llevar por impulsos, cuidarse e integrar el aspecto emocional en las relaciones.
- Trabajar en la cooperación, no en la competitividad.
- Educar todas las habilidades de comunicación (mantener posiciones argumentadas, tomar la palabra en público, llevar la iniciativa y decir no).
- Potenciar el amor, la generosidad, la compasión, la capacidad de autocrítica, la expresión de los sentimientos y la habilidad de ponerse en el lugar del otro.

1. Análisis de la publicidad

El trabajo se realiza con todo el grupo. Se llevan anuncios de revistas para analizar conjuntamente cómo se presenta lo masculino y lo femenino en la publicidad a partir de las preguntas: ¿Es real lo que se muestra? ¿Se trata de ideas generalizadas sobre la felicidad? ¿Son sólo para que compren mujeres y hombres de determinadas edades? ¿Qué presiones sociales tienen quienes compran dichos productos?

El segundo paso consiste en detectar arquetipos y observar qué espacios ocupan. La asignación de espacios de lo masculino y lo femenino es evidente en la publicidad. He aquí algunos de los ejemplos más comunes:

- Amas de casa obsesionadas por la limpieza.
- Madres siempre dulces, gentiles y responsables de la alimentación, la salud, la educación y el futuro de sus hijos y sus esposos.
- Mujeres jóvenes exhibidas en una variedad de posiciones seductoras.
- Alguna mujer trabajando fuera de su casa, pero manteniendo siempre una apariencia muy femenina, casada y vigilante de que en su ausencia no falte de nada.
- Legiones de mujeres persiguiendo alguna fórmula mágica.
- Hombres salvadores como un príncipe azul.
- Hombres que siempre están en escenarios donde realizan actividades como invertir o decidir cuestiones relacionadas desde con la mecánica hasta con las finanzas, e incluso con los electrodomésticos que usarán sus esposas para preparar el «reposo del guerrero».
- Hombres aventureros y deportistas.
- Señores exitosos.

- Mujeres activas con doble jornada laboral.
- Mujeres intelectuales.
- Hombres dando de comer a sus bebés.

2. Análisis de cómics y videojuegos

¿Qué valores de género transmiten los cómics y los videojuegos?
¿A quiénes muestran más?
¿A quiénes no muestran?
¿Cuáles son los conflictos y quiénes los resuelven?

3. Análisis de las canciones que más les gustan a los jóvenes

¿Qué historias se cuentan? ¿Qué papel desempeñan ellos y ellas en las letras? Las características de dominio o agresión de lo masculino y la necesidad de agradar para mantener relaciones afectivas de lo femenino exigen un cambio de mentalidad. Preparando a las niñas para aceptar sus cuerpos, no ser sumisas, prevenir y denunciar las agresiones, a defenderse de conocidos y desconocidos, sean o no adultos, y a comunicar a la persona más cercana cualquier tocamiento, agresión o experiencia que despierte sus sospechas, con la seguridad de ser creídas y protegidas. Y a los niños igual, pero además hay que poner el acento en que sean igualitarios, respetuosos, que pidan permiso y acepten las negativas.

Los chicos deben poder disociar la masculinidad del dominio y la agresión, porque ser hombre no impide ser igualitario, sensible y cariñoso.

4. ¿Probamos en tareas comunes?

Coeducar no es sólo que en la clase haya alumnos de ambos sexos, ni tampoco es unificar, eliminando las diferencias mediante la presentación de un modelo único. No es uniformizar las mentes de niñas y niños sino que, por el contrario, es enseñar a respetar lo diferente y a disfrutar de la riqueza que ofrece la variedad. Para conseguirlo, unas y otros pueden poner en práctica estas estrategias:

- Entrenar en la capacidad de escucha. Saber escuchar no tiene por qué ser privativo de las mujeres. La educación integral intenta que todos alcancen este objetivo. La tarea que se realizará es la siguiente: un alumno cuenta una historia y los demás apuntan en un papel las palabras clave. Lo mismo podemos hacer con los discursos políticos. Por ejemplo, escuchar alguno y detectar palabras que nos hagan pensar en *estrategia, cambio o propuesta*.
- Valores compartidos en el aula. Los temas de estudio deberán girar alrededor de una educación en equidad en valores compartidos, como solidaridad, afectividad, ternura, cooperación, responsabilidad, valentía, libertad, generosidad y esfuerzo de superación, integridad, sinceridad, optimismo y empatía.
- Llevar a cabo trabajos de investigación conjuntos. Uno de los factores que más sorprenden en lo que se refiere a la educación de género es la actitud de las chicas en clase, que en lugar de adoptar nuevos modelos están manteniendo los dos existentes: o bien son calladas, responsables, trabajadoras y obedientes, o bien asumen el rol masculino, que, al no ser el «propio», les conlleva ser calificadas de alborotadoras, mandonas y rebeldes. La razón es que el modelo educativo no es integrador de los dos, sino que se ha optado por el masculino, presentándolo como neutro. Por con-

siguiente, no hay un espacio para que las alumnas hagan válidos otros modos de conducta. Existen algunas propuestas prácticas que les pueden ayudar a reflexionar sobre este tema:

1. Trabajo de investigación. Si la identidad de género es algo que se consolida con el tiempo, ¿cómo tiene lugar dicho proceso? ¿Cuáles son las ventajas y las desventajas desde el punto de vista de la socialización?
2. Debate sobre la valoración de los roles de género. A menudo los roles de género presionan para que la gente sea agresiva o dócil, dominante o sumisa, activa o pasiva. Los roles constituyen la bisagra entre lo interno y lo externo a partir de permisos y prohibiciones sociales. Dicho de otro modo, si bien los roles tienen la función de socializar, lo cierto es que se han creado sobre la oposición: así, lo que no es femenino, es masculino; y lo que no es masculino, es femenino. El problema no son los roles, sino la valoración que a partir de ellos se hace de lo masculino o femenino. Valoraciones que hacen los mismos agentes a través de los cuales se transmiten: la familia, la escuela, la iglesia, los amigos...
Cuestionario para los alumnos antes del debate:

- ¿Los roles nos ayudan a definir quiénes somos?
- ¿Han cambiado los roles de género a lo largo de la historia?
- ¿Qué roles definen al género femenino?
- ¿Qué roles definen al género masculino?
- ¿Qué género se define por ser útil para otros?
- ¿Qué género se define por los logros?
- ¿Qué ocurre con los roles en la moda unisex (pendientes para chicos y chicas, cabello largo...)?

5. Exposición y debate: ¿Qué relación hay entre roles de género y maltrato?

Exponer y debatir los siguientes temas:

- Los niños son con más frecuencia protagonistas y víctimas de la violencia física; las niñas, de la violencia verbal.
- El agresor suele ser popular entre sus compañeros y capaz de imponer sus propuestas.
- Cuesta entender que pueda provocar más alarma entre el profesorado que dos niños se besen con frecuencia (la expresión de la afectividad) que las peleas entre ellos (la violencia entre iguales.)
- Las agresiones sexuales contra las mujeres son la versión sexual de los malos tratos, actos de violencia cometidos contra su voluntad con presión, amenaza o uso de la fuerza, en un contexto de desigualdad de poder que contribuye al mantenimiento de su subordinación.

6. Mesa redonda: Los mitos y la educación de género

Los mitos son explicaciones generalizadoras y por lo tanto equivocadas o simplistas con las que se intenta justificar por qué se usa la violencia. Los alumnos se dividirán en grupos de tres personas cada uno. Seguidamente elegirán tres o cinco de los mitos que se detallan a continuación. Deberán decir si están de acuerdo o no con ellos, y por qué.

- El que pega es un enfermo que no es responsable de sus actos.
- El que pega no controla ni decide el momento en que le da el ataque.
- El que pega lo hace porque bebe.

- Si alguien pega es culpa de la cultura machista.
- El que pega lo hace porque cree que puede cubrir sus necesidades cuando le plazca.
- El hombre trabaja y trae dinero, y por eso tiene que distraerse cuando llega a casa.
- El hombre no llora, no sufre, es más fuerte, no puede demostrar debilidad, no puede fracasar, el hombre tiene que ser por ello más lanzado en sus relaciones.
- El hombre tiene más libertad, metas y expectativas que cumplir, por eso a veces es violento.
- El hombre no puede estar nunca por debajo de una mujer.
- En la mujer está peor visto el sexo. Es más responsable, ellas protegen a los hombres.
- Los padres dicen a sus hijas: «No me importa que fumes, pero cuidado con los hombres».
- La mujer es más comunicativa.
- Si no te comportas como un hombre, tus padres creen que no sabes hacer nada.
- El hombre en el trabajo y la mujer en casa.
- No hay que mostrar debilidad si quieres ser un hombre de verdad.
- Los hombres lo arreglan todo a puñetazos. Las mujeres no, pero hacen más daño, son más peligrosas.

6

LA EDUCACIÓN EN CASA

*Hay cientos de estudios que demuestran que la forma en que
los padres tratan a sus hijos —ya sea la disciplina más estric-
ta, la comprensión más empática, la indiferencia, la cordialidad, etcétera— tiene consecuencias muy profundas y dura-
deras sobre la vida emocional de un niño.*

DANIEL GOLEMAN, *Inteligencia emocional*

¿Cuál es el límite entre lo que es violencia y lo que no lo es?
¿Sabe usted cuáles son los mejores amigos de su hijo en el centro escolar? Con preguntas como éstas suelo empezar las conferencias dirigidas a padres. Personalmente considero que realizar conferencias en los centros educativos para madres,
padres, abuelas y abuelos a fin de que familias y escuela lleguen a un planteamiento común permite ayudar a todos los
padres, y a sus hijos, y también a los centros. Tanto a los que
educan sin violencia a sus hijos como los que no diferencian la
autoridad del autoritarismo y el maltrato, así como a aquellos
que no saben cómo poner límites a sus hijos o no tienen con
ellos una buena comunicación.

Una creencia muy extendida, por otra parte, es que los padres que no diferencian lo que es violencia de lo que no lo es
seguramente han sido a su vez víctimas o testigos de violencia

durante la infancia, sobre todo en el ámbito familiar. Sin embargo, hay estudios que demuestran que quienes la usan en la vida adulta son muchos menos que quienes la sufrieron de pequeños, con lo que no existe una simple relación de causa-efecto. De todas formas, el ser humano puede mejorar los modelos aprendidos, porque eso depende de su voluntad. En la mayoría de los casos, quienes usan la violencia lo hacen porque hacen uso del poder que creen tener, o porque consideran que pueden ejercerla con impunidad.

Por último me gustaría hacer hincapié en la buena voluntad de los padres con los que he compartido mis investigaciones en este campo. La mayoría de ellos han sido padres ansiosos por saber cómo podían ayudar a sus hijos y cómo participar con el centro en una educación integral.

BUSCANDO LA COLABORACIÓN DE LOS PADRES

Lo que puedan hacer los padres en el hogar, si lo hacen con convicción, siempre tendrá más fuerza que aquello que los profesores se esmeren por realizar en el centro escolar. Por ejemplo, en cuanto a la disciplina, son muchas las estrategias que los padres pueden aplicar en el hogar para cambiar la conducta de sus hijos sin crear situaciones de tensión,[12] enseñándoles a resolver sus conflictos sin violencia, a pensar antes de actuar, a ver que sus actos repercuten en otras personas...

Tampoco los padres deberían olvidar que los niños y los adolescentes captan mejor lo que se les transmite a través de los actos que lo que se dice con palabras. Éstas son algunas de las actitudes de los padres que ayudan a los hijos a aprender a convivir en armonía con sus iguales:

---

12. Rodríguez, Nora, *¿Quién manda aquí?*, Juventud, Barcelona, 2005.

- Ser consciente de los propios sentimientos y de los de los demás; es decir, no pensar solamente en tener razón o satisfacer las propias necesidades y deseos, sino idear soluciones que logren el bien del conjunto.
- Demostrar empatía y comprender los puntos de vista de los demás.
- Hacer frente de forma positiva a los impulsos emocionales y regular la conducta.

METAS QUE IMPLIQUEN A TODO EL GRUPO FAMILIAR

Algunas metas simples que impliquen a todo el grupo conforman una buena base para reforzar la comunicación familiar, resolver conflictos de forma no agresiva y sin tensiones, evitar actitudes que no permiten a los hijos sentir que son tenidos en cuenta y proporcionar a los padres las herramientas necesarias para que no haya falsas alarmas en cuanto al bienestar de sus hijos en el centro escolar.

— Tener un vínculo atento para satisfacer las necesidades de afecto, comunicación y de contacto físico con los hijos. Esto requiere una mayor capacidad para la empatía y para percibir las vivencias internas, comprendiendo el lenguaje no verbal de los chicos. Cuando todos los integrantes de un grupo familiar intentan sintonizar con el mundo interno de los hijos, éstos perciben que pueden confiar en la familia porque hay una aceptación incondicional.

— Resolver conflictos en la familia. Para poder resolver cualquier situación problemática de ámbito familiar, sería aconsejable tener en cuenta las siguientes preguntas:

1. ¿Qué sienten los padres cuando hay un conflicto?
2. ¿Saben los padres cómo se sienten sus hijos?

3. ¿Pueden los padres ser objetivos y sopesar de un lado y de otro las variables del conflicto?
4. ¿Entienden los padres cómo lo interpretan los hijos?
5. ¿Cómo se sentiría usted si estuviera en el lugar de los hijos?
6. ¿Hay más de una manera de resolver este conflicto?
7. ¿Qué resultados hemos obtenido otras veces cuando hemos puesto en práctica estos pasos?
8. ¿Qué haremos ahora?
9. ¿Cómo lo explicarán los padres a los demás?
10. ¿Contamos con las aptitudes necesarias? ¿Quién tiene más facilidad para mantener esta conversación con los hijos?
11. Si nuestro plan se topa con imprevistos, ¿qué haremos? ¿Qué obstáculos podemos prever?
12. ¿Cuándo es el momento apropiado para hablar del asunto, compartir ideas y sentimientos y ponernos en marcha para obtener el éxito como familia?

— Informarse sobre aquellas cuestiones que no benefician a los hijos. A veces los padres adoptan estilos de comportamiento que ellos han aprendido pero que no son los más beneficiosos para que los hijos aprendan desde las primeras etapas a resolver situaciones de violencia. Estos estilos comunes suelen ser los siguientes:

1. Ignorar los sentimientos de su hijo, pensando que la infancia es una etapa sin conflictos y que los niños están obligados a ser naturalmente felices porque los padres los proveen de todo lo necesario, o bien porque creen que los problemas de sus hijos no tienen mayor importancia.
2. Estilo sin herramientas. En este caso los padres comprenden a sus hijos, se compadecen de lo que les

ocurre, pero no les dan opciones de comportamiento, no les dan ideas para reflexionar.

3. Estilo sin respeto. Los padres creen que sus hijos no tienen derecho a ser diferentes de ellos, que no pueden tener sentimientos propios ni emociones diferentes. Si el niño está triste se enfadan con él porque esperan que se comporte según sus expectativas.

Es evidente que cualquiera de estos tres estilos puede hacer creer a los padres que sus hijos se sienten seguros, pero lo más probable es que no sea así. La indiferencia, junto con la falta de pautas de actuación o la falta de respeto por parte de los padres, coloca fácilmente a los hijos en posiciones de desventaja frente al grupo de compañeros, incluso en aquellos casos en que el hijo pudiera estar actuando como acosador. No hay que olvidar que a ocupar lugares donde prevalece la desigualdad de poder se aprende.

CUESTIONARIO PARA PADRES

Este es un tipo de cuestionario informativo para padres que no desean ver a sus hijos immersos en situaciones de violencia escolar. El objetivo de estos cuestionarios no es en ningún caso que los padres se culpabilicen, sino que ajusten algunas pautas de conducta para estar al tanto de lo que les ocurre a sus hijos y poder hacer que éstos se sientan más seguros.

1. ¿Sabes quiénes son los mejores amigos de tu hijo/a?
2. ¿Hablas con él/ella sobre cómo se siente con sus amigos?
3. ¿Te ha contado alguna vez lo que otros niños le hacen o dicen durante los recreos, a la entrada y salida del colegio, en los cambios de clase?
4. ¿Ha habido alguna alteración en las notas o cambios de humor, de conducta o de carácter para con los padres o los hermanos en los últimos tiempos?
5. ¿Crees que tu hijo puede tener o ha tenido algún problema con sus compañeros que le hace estar preocupado?
6. ¿Ha llevado últimamente a casa objetos que no le pertenecen y que dice que sus amigos se los han regalado en más de dos o tres ocasiones?
7. ¿Habla tu hijo/a con otros compañeros de cómo sufre un alumno de la clase?
8. ¿Siente tu hijo dolor de estómago, de cabeza, muscular o de otra índole los domingos por la tarde?
9. ¿Te cuenta que un grupo le hace determinadas cosas a un amigo suyo y sospechas que de quien te está hablando es de sí mismo?
10. ¿Has tenido que curarle heridas que trae del colegio con frecuencia en los últimos tiempos?
11. ¿Le has mirado el cuerpo y has visto moratones?

— Informar sobre dónde acaba el juego y dónde empieza la violencia. Puede parecer que, aunque los padres están excesivamente atentos a los problemas de relación de sus hijos, a veces no saben discriminar entre lo que es violencia y lo que no lo es, o lo que es maltrato, o cuándo el profesor debe intervenir. Los trípticos semanales con información puntual son, en este sentido, de gran utilidad. Se proporcionan a los padres durante las seis primeras semanas de curso, y se vuelve a repetir la entrega al cabo de dos meses.

A continuación se ofrecen algunas sugerencias con las ideas fundamentales que deben constar en cada tríptico, teniendo en cuenta que los temas han de tener continuidad y ser adaptados al ciclo de enseñanza (infantil, primaria o secundaria), a la realidad social del centro y a la disponibilidad para escuchar las preguntas de los padres (se pueden reservar horas de días determinados). Cabe recordar que las asociaciones de padres pueden cumplir un papel importante en la resolución de dudas, la aportación de información a otros padres o la creación de grupos de trabajo y redes de ayuda para las familias afectadas, tanto dentro como fuera del horario escolar.

- Primer tríptico: ¿Dónde acaba el juego y dónde empieza la violencia entre los alumnos? Se explican a los padres los derechos de los demás y los tipos de violencia —física, psicológica, social, moral e ideológica—, y se les proporciona un decálogo para ayudar a que los hijos no sean víctimas de violencia escolar. Cómo se les debe preparar.

- Segundo tríptico: Cuando ya no se trata de un juego. Se explica a los padres que no hay un perfil único de la víctima. El único modo de averiguar si su hijo tiene problemas con un compañero es hablando cada día con él. «Acostúmbrelo a que sepa que puede confiar en usted.» Esta frase debe ir destacada y acompañada de todos los medios de los que dispone el centro escolar para que el niño se sienta seguro. Se añadirán señales y pautas que pueden indicar a los padres que su hijo está siendo acosado.[13] En cualquier caso, se les recomienda que no lo culpabilicen ni lo hagan sentir responsable.

- Tercer tríptico: El perfil del alumno que ejerce violencia. Se explica a los padres que descubran que su hijo ejerce la violencia con quién pueden hablar y con qué medios cuentan para ayudarlo (psicólogos, pedagogos) a fin de que:

> Reconozca sus propias acciones.
> Reconozca los resultados de su comportamiento en sí mismo.
> Asuma la responsabilidad de sus actos.
> Encuentre otras maneras de cubrir sus necesidades.
> Reconozca las consecuencias de su comportamiento en otros.

- Cuarto tríptico: Lo que los padres pueden hacer para ayudar a prevenir la violencia escolar. Se habla de la disciplina en casa y se ofrecen veinte estrategias para los padres.

- Quinto tríptico: La transmisión de la violencia en el hogar y en la sociedad. En cuanto al hogar, se explica a los padres que una bofetada a tiempo no es una solución, porque no logra cambiar una conducta más que a corto plazo y por miedo, sin elaboración. Las bofetadas enseñan que la violencia es el modo rápido de conseguir lo que se quiere. En el ámbito de la sociedad, los padres deben controlar lo

---

13. *Op. cit.*, nota 1, cap. 3, p. 94.

que sus hijos ven en la televisión y los videojuegos, enseñarles que pueden hablar con ellos o con un adulto sobre los sucesos violentos que ocurren en el mundo. Así frenarán no sólo la ansiedad de los chicos, sino también la idea que se construyen respecto a la violencia.

- Sexto tríptico: Lo que tendrían que hacer conjuntamente los centros educativos y el hogar. Se dan pautas básicas de conducta.

— Conferencias y coloquios de refuerzo sobre un nuevo modo de entender la disciplina en el hogar. A menudo la mayoría de los niños saben lo que se les prohíbe pero desconocen qué pueden hacer a cambio. Un nuevo modo de entender la disciplina es ofrecer alternativas a una conducta no deseada. Decir que algo está mal y dar tiempo para que se calmen es sólo una parte de un proceso mayor. Éstas son algunas de las opciones disponibles:

1. En lugar de castigar, enseñar qué hacer o mostrarles un mundo más amplio. Lo importante es enseñarles qué hacer en otra ocasión, ayudándoles a encontrar alternativas y, si son mayores de siete años, ayudarles a descubrir cómo se viven sus mismas experiencias en otras culturas. A veces también da excelentes resultados una actividad complementaria, como participar activamente en la resolución de problemas sociales, como los que atañen a su barrio o su ciudad, los que tienen que ver con causas humanitarias y los relativos al cuidado del planeta. Algunos ayuntamientos o grupos de *scouts* planifican actividades para el cuidado de la ciudad orientadas a jóvenes. Éstos necesitan tener opciones, especialmente en la pubertad, época en la que empiezan a definir su posición en la familia,

en la pandilla y en una sociedad que les insinúa que hay un lugar que les espera.

Es probable que los preadolescentes o adolescentes sientan aislamiento social o escojan amigos que no agraden a sus padres, pero sólo para averiguar hasta dónde llega su poder. En tales circunstancias los consejos y advertencias dan menos resultados que intentar compartir sentimientos, aunque parezcan descabellados, con amor, compasión, sensibilidad y comprensión. Hay que dejarles bien claro que la independencia no es una carga, no es un modelo al que tienen que llegar cueste lo que cueste, sino que es la consecuencia de ser responsables de sus actos.

2. Enseñarles el sentido de la responsabilidad y a pensar también en los demás

Insistir en que los actos que realizamos tienen consecuencias para los demás. Éste es un modo de motivar a los chicos para resolver conflictos y comprender las necesidades de los demás. La familia debe enseñar el sentido de la responsabilidad, pues el niño precisa pautas para relacionarse con otras personas, y ésta es la clave para que pueda hacerlo sin tensiones.

3. Priorizar valores. Cada familia tiene sus valores. Los padres deben pedir disculpas si creen haber actuado incorrectamente. Su ejemplo es lo único que ayudará al niño a comprender que él también puede tener malos momentos y que intentar reparar los errores no lo convierte en una persona más débil.

4. Creerles siempre. Al menos en un primer momento, los niños deben sentir que pueden confiar en sus padres. Luego, si se descubre que mienten, es preciso que expliquen por qué les dio miedo decir la verdad.

5. Esperar el momento justo. Nada es positivo y poco se aprende si se intenta que un niño o un adolescente

entre en razón en un clima de tensión. Se trata, pues, de esperar a que se tranquilice y mostrarle que hay formas de ayudarlo si habla de las cosas que le gustaría cambiar. La mayoría de los hijos suelen decir qué cosas les desagradan de su familia o de su modo de vida si no se les pregunta directamente, también se les puede sugerir que las escriban en un papel. El objetivo es saber qué piensan al mismo tiempo que los padres intentan, dentro de sus posibilidades, cambiar una situación desfavorable por otra mejor.

6. Devolver a los hijos una imagen aceptable de sí mismos, respetándolos. Teniendo presente que ellos se evaluarán a sí mismos tal como han aprendido a ser evaluados. Esta mirada positiva de sí mismos les va a permitir conducirse mejor en el mundo social.

7. Apoyar a los hijos en los retos que ellos se marcan. El apoyo es imprescindible para que puedan crecer y desarrollarse, así como sentirse estimulados es vital para pasar de una etapa a otra.

8. Ser accesibles y coherentes. Es decir, estar disponibles cuando los hijos lo requieran y demostrar con hechos lo mismo que se dice con palabras.

9. Demostrarles alegría de estar con ellos. Es una forma de que se sientan aceptados en el presente. Que aprendan a estar satisfechos consigo mismos.

OTRAS ESTRATEGIAS PARA COMPROMETER A LOS PADRES

1. Mesas redondas con profesionales de la zona, como un pediatra o un profesor

El objetivo no es otro que sensibilizar a las familias y comprometerlas ante las figuras que tienen cierta autoridad en el barrio. Se trata, así, de organizar mesas redondas dos veces al año en el centro escolar, con ponentes de las áreas de interés. Lo ideal es que un mismo tema se enfoque de diferentes maneras y que los padres puedan preguntar a los expertos.

2. *Reuniones bimestrales de reflexión sobre diversos temas dirigidas a distintos colectivos y etnias*

Generalmente se llevan a cabo para evitar el sentimiento de exclusión. En este sentido, es fundamental que en las jornadas intervengan personas con las que los jóvenes puedan identificarse; por ejemplo, alguien de su misma raza o país que lleve tiempo en la comunidad y que muestre con su sola presencia que ha logrado sus objetivos gracias a su esfuerzo.

3. *Proyecciones de películas de diversos países*

Esta actividad sirve para atraer a la comunidad y debatir problemas que repercuten en los centros escolares.

4. *Proporcionar listas de diez actitudes*

Estas actitudes son las que los padres no pueden dejar de llevar a la práctica con sus hijos cada mes. Esta lista es un ejemplo de acciones que pueden realizar a cada día del mes:

- Hablar sobre cómo se lleva con sus amigos.
- Preguntarle cómo se siente en el centro.
- Compartir sus dudas.
- Escuchar cómo resuelve sus problemas.
- Felicitarlo cuando explica algo que ha hecho bien.

- Hablar bien del profesor.
- Permitir que diga qué no le gusta. Indagar qué le gusta.
- Reflexionar sobre cómo mejorar algunos desajustes en relaciones poco satisfactorias.
- Aprovechar el momento de hacer los deberes o cuando se le toma una lección para saber cómo es su vida en la escuela.
- Indagar en qué personas siente que puede confiar con seguridad.

5. Motivar a los padres para que participen en redes sociales de ayuda a fin de utilizar recursos comunitarios para prevenir y/o parar la violencia en los centros

De lo que se trata es de enseñar a los padres a pedir y recibir ayuda de agentes sociales u otros profesionales e instituciones para lograr un mayor bienestar del hijo.

7

REDES DE AYUDA HACIA Y DESDE EL CENTRO ESCOLAR: UNA APUESTA CONJUNTA

Y cuando las personas encargadas de tomar decisiones socia-les acepten simplemente disponer en torno de los descarria-dos unos cuantos lugares de creación, de palabras, de apren-dizajes sociales, nos sorprenderá observar cómo un gran número de heridos conseguirá metamorfosear sus sufrimien-tos y realizar, pese a todo, una obra humana.

BORIS CYRULNIK, *Los patitos feos*

Y mientras nadie toma decisiones importantes, ¿qué se puede hacer? ¿Dejar que niños de todas las edades sigan viviendo si-tuaciones de violencia en las aulas simplemente porque adul-tos de diferentes ámbitos no acuerdan un trabajo en común?

El trabajo en el que se compromete una red social es la más importante de todas las estrategias que puede llevar a cabo una comunidad. No en vano se repite mucho en los últimos tiempos esta frase: «Hace falta una tribu entera para educar a un niño».

Las redes sustentadas en la profesionalidad y el capital hu-mano trabajan con programas en tres ámbitos: la prevención, lo que significa trabajar las causas y los discursos que sostienen la violencia entre iguales, la detección y la intervención.

En las redes intervienen también psiquiatras y psicólogos,

llevando a cabo tratamientos terapéuticos para reducir la gravedad de las secuelas del acoso o para trabajar con chicos y chicas que han entendido que la violencia es una forma óptima de relación.

Del mismo modo, agentes de servicios sociales, padres, tutores, orientadores, voluntariado y personas representativas del centro y del entorno ayudan a reforzar aún más la red para prevenir y colaborar con sus propios recursos. Estas personas o pequeños grupos de personas no sólo tienen una filosofía común, con metas compartidas, sino que son capaces de evolucionar hacia estructuras más complejas.

La unión y el trabajo conjunto de todas estas individualidades, mediante acuerdos explícitos de colaboración, organización, sistemas de coordinación y evolución de resultados, es lo único que puede poner en marcha proyectos antibullying con resultados viables.

LAS REDES Y LOS CENTROS EDUCATIVOS

¿Cómo hacer de la escuela un espacio sin violencia mediante un trabajo en red? ¿Cómo llevar adelante un programa antibullying? Si bien es cierto que cada centro tiene que redefinir el modo en que desarrollará un programa antiviolencia escolar, iniciativas como el Proyecto Atenea demuestran que los planes aplicables son los que tienen en cuenta la prevención y la intervención, es decir, los que optan por trabajar a partir de estrategias y redes de apoyo.

El aumento de la necesidad y la demanda de intervenciones profesionales, tanto del propio centro como de profesionales de servicios sanitarios y sociales o del voluntariado, implica no sólo una distribución de tareas específicas, sino la coordinación de estos «espacios de intersección». Desde los propios centros educativos se puede lograr que estos «espacios de intersección» funcionen a partir del *Aula de convivencia escolar*. El Aula de convivencia es la continuación del rincón de la concordia. Donde se resuelven conflictos, se hacen paces y se deciden estrategias. Sirve para ofrecer ayuda terapéutica o diferentes categorías de recursos.

La creación del Aula de convivencia escolar en cada centro educativo (que es la continuación del rincón de la concordia descrito en la etapa infantil), ofrece a los alumnos un espacio dentro del centro donde resolver sus conflictos, que es gestionado de forma coordinada por la dirección, el profesorado y los mediadores. Los alumnos pueden acudir allí para solucionar sus problemas ante la presencia de un mediador, que puede ser un profesor o un especialista en técnicas de mediación, pero siempre una persona con carisma en la que los alumnos confíen.

En diversos colegios he comprobado que a veces los alumnos confían más en profesores que no son ni sus tutores ni los orientadores, y por lo tanto éstas resultan las personas idóneas para la mediación en el Aula de convivencia.

A TRAVÉS DEL AULA DE CONVIVENCIA, LAS OTRAS REDES AYUDAN CON SU TRABAJO

No hay que olvidar que uno de los objetivos principales de cualquier programa antibullying es que los alumnos aprendan nuevas formas de convivencia. En este sentido, el Aula de convivencia deberá adaptarse a esta nueva filosofía y proponer reuniones informativas y cursos de formación para los profesores cuando haya episodios de violencia, aumente el autoritarismo —ya sea por parte de directivos o de los docentes— o bien si se detecta un clima competitivo o de discriminación. Por ello los objetivos del Aula de convivencia deben apuntar a que los centros educativos…

- logren una nueva filosofía de convivencia desde la implicación de las partes. En este sentido el hecho de que dos alumnos en conflicto puedan escribir cada uno su punto de vista para llegar posteriormente a un acuerdo es de vital importancia. Como lo es el recurso del «historial», es decir, todas las estrategias con las que alumnos anónimos resolvieron sus conflictos sin violencia.
- consigan una gestión de la disciplina con recursos más efectivos.
- fomenten una convivencia basada en el respeto.
- mejoren la calidad del aprendizaje emocional en caso de que éste sea deficiente o nulo.
- faciliten el aprendizaje de estrategias para resolver conflictos sin violencia.
- impliquen a los padres desde una acción comunitaria.
- incorporen el trabajo de otro tipo de expertos.
- usen la mediación de los conflictos sólo cuando haya un conflicto entre dos alumnos, entre uno con varios alumnos, entre dos grupos dentro del mismo curso o de cursos diferentes, mientras las partes quieran resolver sus conflictos, mientras no se repita el mismo conflicto más de dos veces con las mismas personas.

El personal escolar asume en este aspecto el mayor reto del programa antibullying, ya que la organización, la distribución de roles y el estudio de la comunidad en la que está inmersa la institución con la cual trabajará una determinada red es una de las metas prioritarias. El personal del centro debe preguntarse lo siguiente:

1. ¿Con qué recursos cuenta la institución?
2. ¿Qué papel se destina a la mediación?
3. ¿Quiénes serán los mediadores de conflictos en el centro?
4. ¿Qué tipos de estrategias se van a utilizar para aque-

llos conflictos que promueven más fácilmente situaciones de bullying?

Las respuestas y la estrategia dependerán de la realidad educativa, es decir, del tipo de alumnado que asiste al centro, de si el barrio es más o menos violento, de si hay pandillas, inmigración, episodios de racismo o xenofobia, y del grado de deserción escolar.

Cada Aula de convivencia deberá por ello ajustar e ir regulando sus objetivos teniendo en cuenta que los fundamentales, a medio y largo plazo, serán siempre la resolución pacífica de conflictos para todo el centro escolar; el apoyo de los acuerdos basados en el diálogo; la circulación de la información entre los alumnos, y la negociación. Mientras, los alumnos aprenden a luchar contra la intolerancia. Así, por ejemplo, el hecho de que en un centro educativo acudan alumnos de diversas culturas, religiones, situaciones familiares y sociales, representa un enriquecimiento colectivo para el centro y nunca debería ser una fuente de conflicto. El Aula de convivencia enseña además a los alumnos a actuar como generadores de propuestas y a buscar soluciones en beneficio de sí mismos y de otros. En casos graves deberán intervenir junto con el Aula de convivencia otros mecanismos, como la jefatura de enseñanza o el área de justicia.

PUESTA EN MARCHA DE PROYECTOS

La apuesta por nuevos proyectos nacerá de una reflexión común entre el Aula de convivencia y las redes de apoyo, que actuarán colaborando y complementándose, en una articulación comunitaria. Para llevarlos a cabo habrá que determinar con qué recursos cuenta la red, entendiéndose por ello los recursos locales con intercambio de información... Los objetivos serán flexibles para adaptarse a la realidad y abiertos a la implicación de organizaciones y grupos de trabajo diversos. De este modo, la puesta en marcha de proyectos se organiza desde diferentes ámbitos que posteriormente se relacionan entre sí:

Nivel A:
    sevicios sociales,
    sanidad,
    justicia,
    dirección del centro escolar.

Nivel B:
    profesores y mediadores.

Nivel C:
    centro deportivos, asociaciones de padres, centros cívicos, otros organismos sociales.

TRABAJOS EN COMÚN

Las redes de ayuda desde el centro escolar y hacia el centro escolar se basan en la maduración de proyectos en común. Es un trabajo donde no hay protagonismos, sino una organización inteligente. Los proyectos pueden abarcar desde la reeducación de los alumnos violentos hasta el trabajo con las familias, así como la atención terapéutica o actividades destinadas a la prevención.

Una buena coordinación y la concertación de esfuerzos y recursos implican, por ejemplo, que desde el Aula de convivencia de los centros se obtengan medios para la prevención de la violencia en edades puntuales. Las redes de ayuda pueden ponerse en marcha desde otros campos, como los ayuntamientos. Cada ayuntamiento puede crear su *Observatorio regional de la no violencia* mediante la información y el trabajo de un equipo interdisciplinar. Este equipo, formado por los servicios sociales y el área de educación (dos representantes por centro), evalúa en qué cursos o en qué tipo de grupos se repiten los actos violentos contra un compañero con más frecuencia. Trabaja directamente con los responsables del Aula de convivencia proporcionando recursos humanos, estudios y estrategias. Posteriormente se inician talleres, juegos, terapias o trabajos creativos, teniendo en cuenta que los cambios que se produzcan deben ver su efecto en las relaciones. Esto significa que los niños deberán poner en práctica sus habilidades sociales con la guía de un técnico especializado.

Por esta razón el trabajo conjunto es el único capaz de dar una visión más realista del problema.

El Observatorio regional de la no violencia lleva a cabo sus proyectos, en los niveles A, B o C, mediante los siguientes recursos:

- Reuniones mensuales y jornadas trimestrales y anuales.
- Equipos de investigación, análisis y seguimiento.
- Cuestionarios realistas de detección de acosadores según edades y medios socioculturales.
- Otros elementos de diagnóstico.
- Información para los centros y formación de profesores a cargo de equipos de trabajo.
- Seguimientos orientados a la prevención de conflictos.
- Planes de trabajo para afrontar las consecuencias de comportamientos violentos y la prevención.
- Protocolos para intervenir en cualquiera de las fases del bullying.
- Una página web de información y un servicio a través de un teléfono de denuncias gratuito.
- Entrega de material a los mediadores escolares.

- También las publicaciones, debates, mesas redondas, encuentros o conferencias son de gran valor cuando se trata de compartir experiencias con otras redes. Los resultados de las distintas experiencias, expuestos por estos medios, permiten, además, aprender de la experiencia del otro, ajustar la forma de trabajar juntos y evitar el excesivo gasto en recursos.

El trabajo conjunto con profesores para la intervención con los alumnos desde servicios sociales, por ejemplo, se convertiría así en un eslabón prioritario para lograr la modelación de las conductas de los agresores y la protección de las víctimas del acoso. Los técnicos de los servicios sociales pueden favorecer los procesos de participación popular en los barrios para identificar problemas y tomar decisiones conjuntamente con los centros.

Otra posibilidad es, por ejemplo, organizar desde fuera del centro educativo actividades dirigidas a dinamizar espacios para la cohesión de diversos grupos, un trabajo tan importante como el estudio de la realidad social de cada centro educativo. Además, se puede proporcionar información al centro y realizar un seguimiento de los casos, cosa que en nuestro país no se hace todavía, a pesar de que cuando los alumnos son cambiados de centro por bullying éste persiste porque lo que empezó en un centro va implantando sus semillas en otro.

UNA RED DESDE LOS CENTROS CÍVICOS

Los centros cívicos desempeñan un papel fundamental, ya que en ellos se llevan a la práctica las mejores propuestas para trabajar nuevos aprendizajes emocionales. Los centros cívicos, junto con los centros educativos, pueden ofrecer talleres de sensibilidad para los alumnos y sus familias, clubes de ajedrez para padres e hijos, grupos de danza, de canto a capella o de básquet, actividades útiles para cohesionar grupos y dar nuevas oportunidades a alumnos que de otro modo tendrían más problemas de integración. Los centros cívicos también pueden proponer concursos escolares de proyectos antiviolencia.

UNA RED DESDE LOS CENTROS DEPORTIVOS

Promover competiciones deportivas para alumnos de todos los centros, o promover dinámicas de equipo en los centros más conflictivos, son algunas de las propuestas de este tipo de organismos para la prevención de la violencia.

UNA RED DESDE EL VOLUNTARIADO

En algunas provincias de nuestro país la Cruz Roja ya trabaja a conciencia para la prevención en los centros, organizando jornadas de debates con profesionales y cursos para padres. En este sentido, las ONG son de gran ayuda para proporcionar información a las familias, a los alumnos en los centros y a los profesores. También son especialistas en la creación de equipos de ayuda para la víctima y la familia y grupos que acompañen a los niños a la salida y a la entrada de los colegios.

UNA RED DENTRO DEL CENTRO EDUCATIVO

Cuando no existe la posibilidad de trabajar con organismos externos y es la institución la que tiene que generar su propia red, se intenta que todo el personal del centro alcance un compromiso superior. Se promueve la distribución de funciones por áreas, abarcando de este modo desde la detección de la violencia hasta la intervención individual con los alumnos. El Aula de convivencia en estos centros tendrá los mismos objetivos que los de las redes externas, a saber:

- Desarrollar habilidades sociales en los alumnos.
- Proporcionar nuevas estrategias para la resolución pacífica de los conflictos, e insistir en asuntos como controlar los baños y los puntos calientes, prevenir al grupo sobre las consecuencias del bullying para la víctima y para el grupo, y dinamizar el trabajo de tutores, mediadores y orientadores.
- Proporcionar estrategias para el reconocimiento de las propias emociones.
- Crear proyectos de prevención de la violencia y de intervención.
- Proporcionar medios para un buen clima escolar.
- Actualizar estrategias para detectar el bullying.
- Generar sistemas de información para desmitificar a los que ejercitan su poder (incluso como fórmula de prevención).
- Proponer la figura de un mediador.

COMISIONES DE TRABAJO

Las comisiones de trabajo se regulan desde dentro y fuera del Aula de convivencia y tienen objetivos diversos, generalmente se dedican a la investigación, la atención o el apoyo, y pueden estar compuestas por asociaciones de padres y docentes, y orientadores, tutores, pedagogos o psicólogos y mediadores.

- Los padres y las madres. Los padres y madres implicados en el Aula de convivencia pueden ser designados por la AMPA y actúan como informadores y facilitadores y orientadores de otros padres mediante reuniones de grupo. Pueden tratar temas como, por ejemplo, el uso de los videojuegos violentos.

Los padres pueden ayudar a ampliar la función de la familia en relación con la protección de la violencia. A fin de que las familias permitan una participación más activa de las comisiones de trabajo: proponiendo una educación emocional; detectando al o a los acosadores del barrio; formando grupos solidarios para ayudar a la víctima; y formando a los padres para transmitir mecanismos de detección del bullying.

- Padres, madres y equipo docente. Se trata de una comisión de trabajo que puede actuar directamente con el Aula de convivencia proponiendo actividades para conseguir un buen clima escolar, tratando de aportar ayudas para controlar espacios puntuales, como los recreos, y colaborando en algunos proyectos de prevención, como las fiestas por la diversidad o los concursos.

- Docentes, orientadores, tutores, pedagogos o psicólogos y mediadores. No hay que olvidar que el trabajo en red también tiene el objetivo de reparar las emociones de los niños que pudieran haber sido dañados. Los programas destinados a la reparación deben asegurar el bienestar del niño al menos con una sesión de trabajo a la semana. Para ayudar a los niños es importante que el profesional sea una persona con una gran dosis de empatía y sensibilidad. En este sentido, un trabajo en red desarrollado por docentes, orientadores, tutores, pedagogos o psicólogos y mediadores, proporciona una valoración más eficaz, debido a que los diversos profesionales tratan el mismo caso desde diferentes puntos de vista, aunque siempre con el objetivo de llegar a una metodología de trabajo.

8

UN APUNTE FINAL

*Lo que queda detrás nuestro y lo que se extiende ante noso-
tros son pequeñeces comparado con lo que existe dentro de
nosotros.*

RALPH W. EMERSON

Es evidente que muchos profesores se preguntan hoy cómo
educar a las nuevas generaciones. En una sociedad que tiene
valores diferentes de los de hace veinte años, que tiene otra
manera de vivir, resulta innegable que los centros no pueden
seguir educando con parámetros que no cubran las necesidades psicológicas, emocionales y sociales de niños y adolescentes. De hecho, el salto de la cultura del patriarcado a la cultura
del consumismo no sólo ha modificado las relaciones personales, sino que, durante el proceso, se han trivializado ciertas
formas de violencia y se ha favorecido su justificación. En este
contexto, seguir entendiendo el aula como un medio exclusi-
vamente académico desproveyéndola de su aspecto social implica quedarse a medio camino. ¿O no es verdad que la mayoría de los niños llegan a los centros convencidos de que hay un
tipo de violencia necesaria en ciertos casos? Basta observar cómo han aumentado las escenas de violencia en los dibujos es-
pontáneos de los niños.

¿Es posible ayudar a los niños y a los adolescentes a encontrar vías pacíficas en la sociedad actual? La respuesta estará sin duda en la opinión que los adultos tengamos de la violencia y en las opciones no violentas que seamos capaces de transmitirles. Evidentemente, dependerá de dónde coloquemos la línea sutil que separa el juego inocente de la agresión, del compromiso que seamos capaces de asumir, de las estrategias que poseamos, sin olvidar que en el contexto actual no se puede seguir educando sólo académicamente. Es imprescindible incorporar nuevas estrategias que hagan hincapié en los recursos individuales de los alumnos para que la violencia no se propague sin ofrecer resistencia.

Todos estamos de acuerdo en que resulta prioritario proponer otros discursos para frenar la barbarie y el maltrato. Nadie quiere que desde pequeños los niños expliquen convencidos que el daño a otros es positivo si detrás hay un bien que lo justifica.

Es nuestro deber enseñarles estrategias que les aseguren un buen desarrollo y bienestar. También debemos ser para ellos una persona significativa. Una persona que les devuelva la confianza en sí mismos, que les dé alternativas promoviendo en lo más profundo de cada uno la capacidad de sentirse a gusto consigo mismo y con los demás. Éste es el mejor regalo que les podemos ofrecer, porque les servirá de protección frente al estrés que proviene de la sociedad. A veces la persona significativa es uno de los padres, en otros casos, tal vez un profesor, un abuelo, pero siempre alguien que interviene activamente en sus vidas, para que el niño o el adolescente tarde o temprano, antes o después, ponga en marcha sus recursos internos. Como afirma el neurólogo, psiquiatra y psicoanalista francés Boris Cyrulnik, para que incluso en los momentos difíciles el niño se sienta fuerte, aunque sea arrastrado por una corriente que no ha buscado. Aun así será capaz de poner en marcha los mecanismos internos para reparar lo dañado si encuentra una mano amiga que le ofrezca un recurso externo. A este proceso de fuerza interna y recuperación, el eminente psiquiatra lo ha denominado *resiliencia*.[14] Mediante la resiliencia el niño es capaz de trasformar su magulladura en un nuevo organizador de su yo.[15] Siempre que haya a su lado adultos atentos y responsables de sus necesidades, sólo así será capaz, aun en condiciones desfavorables, de usar todo su potencial.

En efecto, cuando un niño o un adolescente pone en marcha sus recursos de protección se desarrolla positivamente, a pesar de las difíciles condiciones de vida. Y aún más, sale fortalecido, transformado, de estas experiencias de aprendizaje. Las crisis dejan de ser una dificultad, ahora son una oportunidad. Los niños o adolescentes son capaces de proteger la propia integridad a pesar de la presión porque los mueve la esperanza. Son capaces de reconstruir su propia vida a pesar de las circunstancias difíciles.

De ahí la insistencia en el trabajo en red. No importa si los adultos empáticos y predispuestos son los padres o cualquier otra persona del entorno, lo que importa es su capacidad de escuchar y su actitud cálida, el apoyo que brinde a los jóvenes para favorecer los sentimientos de seguridad y confianza en sí mismos. Tanto para los chicos que actúan con violencia como para las víctimas, la presencia de adultos significativos puede producir verdaderos cambios.

A veces es suficiente poner cerca de ellos un lápiz, colores y un papel en blanco, o permitirles el uso de la palabra y dar-

14. El término *resiliencia*, acuñado por el doctor Cyrulnik, proviene de la física e ingeniería y se refiere a la «propiedad de la materia que se opone a la rotura por el choque o percusión» y que define como «índice de resistencia al choque de un material». En la versión psicológica, resiliencia equivale a «resistencia al sufrimiento», y señala tanto la capacidad de resistir las magulladuras de la herida psicológica como la capacidad para la reparación psíquica que nace de esta resistencia.

15. *Op. cit.*, nota 16, p. 205.

les un espacio para que puedan expresarse. Es decir, proporcionarles medios para que puedan recomponer aquella imagen que les perjudica y determina su conducta. Seguramente, será necesaria la ayuda de un profesional, pero las variables de los trastornos que se traten siempre dependerán del contexto, y el papel de los padres y otros adultos es en este sentido determinante.

Y es que por fortuna el comportamiento humano no está sujeto a un determinismo. La mayoría de las conductas son modificables mediante el aprendizaje adecuado, si no hay una patología grave detrás. La resiliencia posibilita que los niños puedan estar bien cuando las cosas van mal. Les permite sobreponerse a la adversidad y las estrategias que se han descrito en este libro están dirigidas a fomentar esos recursos internos que el niño necesita en los momentos difíciles.

Los profesores son quienes mejor pueden colaborar, además de los padres, enseñando a sus alumnos a explotar lo mejor de sí mismos, a creer que son dueños de su destino y no marionetas del azar.

Para forjar una personalidad resiliente es imprescindible construir, más que limitar, y motivar, más que sermonear. Es fundamental ayudar a los niños para que tengan un autoconcepto y una autoestima elevadas, en un ambiente de seguridad y empatía. Los profesores (tanto como los padres) pueden favorecer la resiliencia mediante mensajes de apoyo y motivación claros y firmes, mediante expectativas acordes a la capacidad de los niños, ofreciendo nuevas oportunidades para el desarrollo, proporcionando habilidades sociales, enseñándoles a cuidar el propio bienestar y el de otros, otorgándoles oportunidades para un mejor desarrollo y responsabilidad para con otras personas de su entorno. No se trata ya únicamente de impartir conocimientos, sino de enseñar con vocación que todos tenemos recursos internos que podemos llevar a la práctica tanto para el propio bien como cuando decidimos trabajar por los demás. Asimismo, esta conciencia de los demás es también un camino positivo para sentirse bien.

El profesor que es capaz de ponerse en la piel del alumno cuando goza o sufre, que es capaz de entender y compartir sus sentimientos, le está enseñando una gran asignatura para la vida: a cuidarse y a cuidar de aquellas personas con las que tiene vínculos afectivos fuertes, a responder adecuadamente frente a los problemas cotidianos, a ser flexible y sociable. Deseamos que los más jóvenes aprendan autocontrol y autonomía, que puedan enfrentarse asertivamente a un mundo competitivo, pero para eso deben saber que pueden recurrir a los adultos cuando lo necesitan. Por eso tenemos que estar ahí, a su lado, demostrándoles que somos capaces de ayudarlos a crecer en paz.

Puedes enviar cualquier pregunta, duda o sugerencia a:
www.stopbullying.es

BIBLIOGRAFÍA

Adler, A., *El carácter neurótico*, Planeta-Agostini, Barcelona, 1985.

Amorós, C., *Hacia una crítica de la razón patriarcal*, Anthropos, Barcelona, 1982.

André, C., y Légeron, P. *El miedo a los demás*, Mensajero, Bilbao, 1997.

Bandura; A., *Aggression: A social learning analysis*, Englewood Cliffs, Nueva Jersey, 1973.

Barudy, J., *El dolor invisible de la infancia. Una lectura ecosistémica del maltrato infantil*, Paidós, Barcelona, 2003.

Barudy, J. y Dantagnan, M., *Los buenos tratos a la infancia*, Gedisa, Barcelona, 2005.

Bernstein, B., *Clases, códigos y control*, vol. IV, Morata-Paideia, Madrid, 1994.

Bion, W. E., *Aprendiendo de la experiencia*, Paidós, Buenos Aires, 1966.

Bonilla, A., «La perspectiva de género como tratamiento analítico de lo obvio», *Educar*, n. 23-24, 1998.

Bourdieu, P., *La dominación masculina*, Anagrama, Barcelona, 1998.

—, *Sociología y Cultura*, Grijalbo, Buenos Aires, 1990.

Bourdieu, P. y Passerow, J. C., *La reproducción. Elementos para una teoría del sistema de enseñanza*, Laia, Barcelona, 1977.

Chomsky, N., *La quinta libertad*, Crítica, Barcelona, 1988.

Cohen-Posey, K., *How to handle bullies, teasers, and other meanies*, Rainbow Books, Highland City, 1995.

Colombo, G. y Palermo, A., «El encuentro creativo de las madres en su vínculo con la escuela», *Revista Española de Investigaciones Sociológicas*, n. 55, 1991.

Comellas, M. J., «Què entenem per coeducar?», *Reflexions sobre la Coeducació*, p. 118-124, Universitat Autònoma de Barcelona, Barcelona, 1984.

—, «La educación de los valores en el seno de la familia», *Pedagogía familiar*, pp. 95-105, Narcea, Madrid, 1990.

—, "Les valoracion tòpiques que la societat fa del gènere ", *Educar*, n. 22-23, p. 181-188, 1998.

—, «El entorno y su respuesta ante la diversidad de género: la educación del/de la niño/a y del/de la adolescente», en Callabet, J., Comellas, M. J. y Mardomingo, M. J., *El entorno social del niño y del adolescente*, pp. 96-109, Laertes, Barcelona, 1998.

—, «A cultura de genero e o uso do espaço durante o periodo de educaçao obligatoria», *Contrapunto: Olhares e lugares*, n. 2, pp. 331-343, Salvador de Baia, 1999.

Cyrulnik, B., *Los patitos feos. La resiliencia: una infancia infeliz no determina la vida*, Gedisa, Barcelona, 2005.

David, M. E., Edwards, R., Hughes, M. y Ribbens, J., *Mothers and Education: Inside Out? Exploring Family-Education Policy and Experience*, Macmillan, Londres, 1993.

Eco, U., Goldmann L., Bastide, R., *Sociología contra psicoanálisis*, Planeta-Agostini, Barcelona, 1986.

Eichler, M., «The relationship between sexist, non-sexist, wo-men-centred and feminist research», *Studies in Communication*, vol. III, JAI Press, Toronto, 1986. Fernández Enguita, M. A., *Poder y participación en el sistema educativo*, Paidós, Barcelona, 1992. Fernández Enguita, M. A., *La profesión docente y la comunidad escolar: Crónica de un desencuentro*, Morata, Madrid, 1993.

Freud, S., «Psicología de masas y análisis del yo», *Obras completas*, vol. III, pp. 2.563-2.603, Biblioteca Nueva, Madrid, 1981.

Giberti, E. y Fernández, A.M., *La mujer y la violencia invisible,* Sudamericana, Buenos Aires, 1992.

Goleman, D., *El punto ciego. Psicología del autoengaño*, Plaza y Janés, Barcelona, 1997.

—, *Inteligencia emocional,* Kairós, Barcelona, 1997.

G. Lucini, F., *Temas transversales y educación en valores*, Alauda, Madrid, 1993.

Groebinghoff, D. y Becker, M., «A case study of Mobbing and the clinical treatment of Mobbing victims», *European Journal of work and organizational psychology,* n. 5 (2), pp. 277-294, 1996.

Ibáñez, J., «Lenguaje, espacio y segregación sexual», *Por una sociología de la vida cotidiana,* Siglo XXI, México, 1986.

Isambert, A., *La educación de padres*, Planeta, Madrid, 1980.

Izquierdo, A., *Escuela y familia en la tarea educativa*, Alcañiz, Valencia, 1979.

Jung, C. G., *Conflictos del alma infantil*, Paidós, Barcelona, 1991.

Kozloff, M. A., *El aprendizaje y la conducta en la infancia*, Barcelona, Martínez Roca, 1980.

Krishnamurti, J., *Pedagogía de la libertad*, Integral, Barcelona, 1996.

Laplanche, J. y Pontalis, J. B., *Diccionario de psicoanálisis*, Labor, Barcelona, 1971.

Lareau, A., «Social class differences in family-school relationships: the importance of cultural capital», *Sociology of Education,* n. 60, pp. 73-85, 1987.

Lareau, A., «Family-School Relationships: A View from the Classroom Educational Policy», n. 312, pp. 245-259, 1989.

Leal, A., «El tratamiento de la diversidad desde la perspectiva del género», *Educar,* n. 23-24, pp. 171-179, 1998.

Lee, B., *El principio del poder*, Grijalbo- Mondadori, Barcelona, 2000.

Leymann, H. y Gustafsson A., «Mobbing and Work and the Development of Post-traumatic Stress Disorders», *Europeal Journal of work and organisational psychology,* 5 (2), pp. 251-275, 1996.

Lorenzini-Cioldi, F., *Individus dominants et groupes dominés. Ima-*

ges masculines et feminines, Presses Universitaires de Grenoble, 1998.

Lyotard, J. F., *La condición posmoderna,* Planeta-Agostini, Barcelona, 1993.

Maffesoli, M., *El tiempo de las tribus,* Icaria, Barcelona, 1990.

Malinowski, B., *Crimen y costumbre en la sociedad salvaje,* Planeta-Agostini, Barcelona, 1985.

Mannoni, M., *El niño, su «enfermedad» y los otros,* Nueva Visión, Buenos Aires, 1967.

Marcuse, H., *El hombre unidimensional,* Planeta-Agostini, Barcelona, 1985.

Martín, Q., «La apertura del centro educativo a la comunidad», *Organizaciones educativas,* UNED, Madrid, 1989.

Martínez, J. B.,«La participación democrática, piel de cordero de domesticación», *Cuadernos de Pedagogía,* n. 214, pp. 61-67, 1993.

Martínez, M., *La disciplina en la comunidad escolar,* Caja de Ahorros de Alicante y Murcia, Alicante, 1979.

Mayorga, A., *Comunidad Educativa,* Anaya, Madrid, 1981.

MEC, *Libro Blanco en la Educación de Adultos. Un libro abierto,* Dirección General de Promoción Educativa, Madrid, 1986.

—, *Educación plural y solidaria. Año Internacional de la Tolerancia,* Dirección Provincial de Madrid, Área de Programas Educativos, 1995.

Méndez, X. y Maciá, A., *Modificación de conducta con niños y adolescentes,* Pirámide, Madrid, 1990.

Mesa, M., *Tercer Mundo y Racismo en los libros de texto,* Cruz Roja, Madrid, 1990.

Michelson, L., Sugai, D., Wood, R. y Kazdin, A., *Las habilidades sociales en la infancia. Evaluación y tratamiento,* Martínez Roca, Barcelona, 1987.

Moss, P., *Childcare and equality of opportunity,* The European Community, Londres, 1988.

Olweus, D., *Bullying at school: What we know and what we can do,* Blackwell, Cambridge, 1993.

Ortega, P. y otros, *La tolerancia en la escuela*, Ariel, Barcelona, 1990.

Peters, A., *Atlas del Mundo. Por primera vez el Mundo en sus verdaderas proporciones*, Vicens-Vives, Barcelona, 1991.

Piaget, J., *Estudios sociológicos*, Planeta-Agostini, Barcelona, 1986.

Polo, J. J. y Buendía, H., *La nueva ley penal del menor*, Colex, Madrid, 2003.

Pulpillo, A., *La participación de los padres en la escuela*, Escuela Española, Madrid, 1982.

Rodríguez, A. y Seoane, J., *Creencias, Actitudes y Valores*, Alhambra, Madrid, 1988. Rodríguez, M., «Asociación de Padres y participación comunitaria», *Barrio: Organización escolar. Una perspectiva ecológica*, Marfil, Alcoy, 1993.

Rodríguez, N., *Guerra en las aulas*, Temas de Hoy, Madrid, 2004.

Rojas, E., *¿Quién eres? De la personalidad a la autoestima*, Temas de Hoy, Madrid, 2001.

Rowan, A. B., Foy, D. W., Rodríguez, N. y Ryan, S., «Postraumatic stress disorder in a clinical sample of adults sexually abused as children», *Child Abuse and Neglect*, n. 18, pp. 51-61, 1994.

Russell, D. E. H., *The secret trauma: incest in the lives of girls and women*, Basic Books, Nueva York, 1986.

San Fabian, J. L., «Participacion y control en las organizaciones escolares. El caso de las Ampas», *Arbor*, n. 585, pp. 147-162, 1994.

—, «La participación», *Cuadernos de Pedagogía*, n. 222, pp. 18-21, 1974.

—, «Participar más y mejor», *Cuadernos de Pedagogía*, n. 224, pp. 70-71, 1994. Santos, M. A., *El crisol de la participación: investigación etnográfica sobre Consejos Escolares*, Aljibe, Archidona, 1999. Serra, A., «Historia y actualidad de las Asociaciones de Padres», *Cuadernos de Pedagogía*, n. 37, 1978.

Serrano, I. y De la Fuente, U., *Modificacioón de comportamientos agresivos en la infancia y la adolescencia*, Congreso de menores marginados de Castilla y León, Valladolid, Junta de Castilla y León, 1988.

Shapiro, L., *La inteligencia emocional de los niños*, Javier Vergara, Buenos Aires, 1997.

Smith, D. E., *The Everyday World as problematic: A Feminist Sociology*.

Mass: Northeastern University Press, Boston, 1987.

Soria, M. A. y Hernández, J., *El agresor y su víctima*, Editorial Boixareu Universitaria, Barcelona, 1994.

Sosa, C. D. y Capafons, J. L., «Abuso sexual en niños y adolescentes», *Psicopatología en niños y adolescentes*, Pirámide, Madrid, 1986.

Spitzer, R., *Formación de conceptos y aprendizaje temprano*, Paidós, Buenos Aires, 1978.

Urra, J. y Vázquez, B., *Manual de Psicología Forense*, Siglo XXI, Madrid, 1993.

Valcárcel, A., *Del miedo a la igualdad*, Crítica, Barcelona, 1993.

Vallés, A., *Cómo cambiar la conducata infantil*, Marfil, Alcoy, 1994.

Vattimo, G., *El Fin de la Modernidad*, Gedisa, Barcelona, 1997.

Villalta, M. y otros, *Los padres en la escuela*, Laia, Barcelona, 1987.

Vinyamata, E., *Manual de prevencion de conflictos*, Ariel Practicum, Barcelona, 1999.

VV. AA., *IV Conferencia Internacional sobre Educación de Adultos: Informe final*, Unesco, París, 1985.

—, *Análisis de recursos educativos desde la perspectiva no sexista*, Laertes, Barcelona, 1996.

—, *Jornadas De Alfabetización: Educación de adultos y cultura andaluza*, Documento Policopiado, Sevilla, 1982.

Walkerdine, V. y Lucey, H., *Democracy in the kitchen: regulating mothers and socialising daughters*, Virago, Londres, 1989.

Winnicott, R. W., *El niño y el mundo externo*, Hormé, Buenos Aires, 1965.